I0146977

LE GÉNIE DU LOUVRE.

LE GÉNIE DU LOUVRE AUX CHAMPS ÉLISÉES.

DIALOGUE

ENTRE LE LOUVRE,
La Ville de Paris, l'Ombre de Colbert, & Perrault.

Avec deux Lettres de l'auteur ſur le même ſujet.

M. DCC. LVI.

AVANT-PROPOS.

DEPUIS plus de quatre-vingts ans un monument dans Paris, dont l'admirable composition, & la magnifique structure font plus d'honneur aux Architectes françois, que les plus beaux édifices qu'ils ont jamais élevés depuis la naissance des beaux arts en ce Royaume, étoit non-seulement tombé dans l'oubli, mais encore enseveli, & insulté par d'infâmes bâtimens qui l'emprisonnoient, &

qui disputoient d'indécence avec les masures les plus informes des siécles barbares. En vain plus de sept cent mille voix dans Paris poussoient tous les jours des cris à ce sujet, ils ne parvenoient point aux oreilles du Souverain, & l'on désesperoit après tant d'années, que ce Palais pût échapper à sa destruction : désespoir fondé sur sa ruine imperceptible, mais inévitable par le défaut d'entretien, & sur tout de couverture. Lorsqu'il s'éleve tout-à-coup, & par une espèce de prodige, un citoyen en place, éclairé sur les arts par la vue & l'examen raisonné de leurs sçavantes productions dans le pays qu'ils ont le plus favorisé, je veux dire l'Italie. Egalement frappé des beautés de ce merveilleux édifice & de son abandon ; & vivement sensible au deshonneur & à la gloire de sa nation, ce zélé François forme le généreux dessein d'appaiser les cris de ses compatriotes : il obtient de notre Monarque des ordres pour rétablir ce Palais, & son zèle actif & prévoyant lui faisant appercevoir mille obstacles toujours prêts à fondre sur les projets même les plus glo-

rieux à une nation qui préfere tous les jours les nouveautés les plus frivoles aux plus belles & aux plus sages anciennetés; il se hâte de saisir cet heureux instant; les échaffauds sont dressés, l'ouvrage commence, le public s'étonne, le citoyen admire, & Paris pousse des cris de joie.

Un particulier sensible aux beautés des arts & sur tout à celles de sa patrie; qui n'ambitionne d'autre distinction que celle de zélé Patriote, titre aujourd'hui si méprisé & presque ridicule, publia, il y a quelques années dans un écrit, ses ſentimens ſur l'état déſolé du Louvre, & oſa en même-tems être l'organe de ſes concitoyens. Pour engager le public à l'écouter, il falloit que quelque nouveauté prêtât à cet ouvrage ſon attrait, & des agréments, que lui refuſoit la foibleſſe de ſa plume. Il eut recours à la fiction, perſuadé de ſon pouvoir ſur les eſprits; & par la force d'une magie, qui n'avoit à redouter ni la robe ni la mitre, il évoque des enfers l'Ombre de ce grand Miniſtre à qui la France doit ce monument, & qui ſe précipite à la vue de ſon horrible état. Les cris de ſon indignation remuent les esprits, les cœurs patriotes s'échauffent, leur fureur se rallume contre les horreurs qui l'avilissent. Mais toutes leurs plaintes étoient perdues dans les airs, s'il n'eut paru un citoyen assez courageux pour venger son Roi, le public, & lui-même.

Ne seroit-ce pas une ingratitude inexcusable de garder le silence sur un si heureux événement, & de ne pas l'annoncer à l'univers ? Ne devons-nous pas un tribut authentique de reconnoissance au généreux restaurateur de ce Palais, & faire éclater la joie de son élévation, après avoir pleuré sur ses ruines ?

On n'oseroit se flatter que ce second Dialogue fût aussi bien reçu que le premier, étant privé de cet attrait de nouveauté que j'ai dit être si nécessaire pour appeller les lecteurs. D'ailleurs la matiere du premier étoit beaucoup plus susceptible d'ornemens & d'étendue. Il s'agissoit de faire parler Colbert avec force & avec dignité, & d'instruire toute la nation, en instruisant la ville de Paris, de ce qu'il avoit fait ou entrepris pour son embellissement & pour la gloire de la France. Par-là, on avoit jetté un intérêt de curiosité chez tous les François, avides d'apprendre des faits si honorables à leur patrie, & des projets d'une étendue de génie si prodigieuse, que l'on a de la peine à croire qu'ils ayent été enfantés par une seule tête, quelque certitude que l'on en ait.

Dans la relation que fait le Génie du Louvre de son voyage à la ville de Paris, il étoit assez difficile de l'embellir par des épisodes intéressans. On y en a cependant hazardé quelques-uns pour rompre l'ennuyeuse monotonie de la narration, & retarder le dénouement, qui ne laisse plus rien à dire dès que Colbert est instruit du sujet du voyage du Louvre aux Champs Elysées.

Si le style de ce Dialogue paroît moins vif & moins fort que celui du premier ; c'est que les expressions de la joie & du bonheur sont beaucoup plus bornées & moins énergiques que celles des plaintes, & du désespoir. La joie seroit-elle donc plus étrangere à l'homme que la tristesse & la douleur ? L'on espère qu'en faveur de l'Ombre de Colbert, à qui cet écrit se joint naturellement, les citoyens zélés pour le Louvre, lui accorde-

ront quelque indulgence.

On trouvera à sa suite deux Lettres de la même main, & qui ont le même objet. La premiere fut réellement écrite à un ami passionné à l'excès pour les beautés de cet édifice, & pour les embellissemens de la capitale, & qui étoit dans une de ses terres lorsque l'on commença les travaux du Louvre.

La deuxiéme est une réponse à une critique de ce Palais & sur tout de son frontispice, qui fut mise dans le Mercure, où l'auteur montre plus d'esprit que de justesse, & s'efforce de décrier notre admiration pour ce monument qu'il regarde comme une erreur populaire, & un aveugle préjugé de la nation. Il eut peut-être été mieux de ne point relever une idée aussi bizarre, & une accusation aussi injurieuse au goût des François. On a cru cependant qu'il convenoit dans les circonstances présentes, de venger l'honneur de cet admirable Frontispice, & de convaincre de passion & d'aveuglement le projet de ridiculiser notre admiration & celle de tous les étrangers en sa faveur, en renversant les efforts du critique pour affoiblir ses beautés par des défauts essentiels.

L'on a cru faire plaiſir aux citoyens zélés pour les beaux arts & pour ce qu'ils poſſédent de plus parfait en ce genre, de raſſembler dans un ſeul volume ce que l'auteur a écrit en ſa faveur.

LE

LE GÉNIE DU LOUVRE AUX CHAMPS ÉLISÉES.

DIALOGUE ENTRE La Ville de Paris, le Louvre, l'Ombre de Colbert, & Perrault.

LE LOUVRE ET LA VILLE.

LA VILLE.

ENFIN vous voilà de retour du voyage que je vous ai forcé d'entreprendre. Quelle reconnoissance vous me devez d'avoir vû & entretenu l'Ombre respectable de ce grand

A

Miniſtre ! La joie que lui a cauſé votre rétabliſſement a-t-elle effacé de ſon ſouvenir les opprobres où il vous a vû enſeveli ? Que je ſerai contente, ſi cette joie a égalé l'indignation & le dépit qu'il emporta en quittant votre Palais...! Mais ... vous ne répondez point!

LE LOUVRE.

Ne me preſſez point, donnez le tems à mes eſprits de ſe remettre de l'émotion délicieuſe que j'ai éprouvée en arrivant. Avec quel nouveau plaiſir j'ai revû cette étonnante forêt de ſolives, qui forment l'admirable conſtruction de mes échaffauts ! Ce vaſte amas de pierres dont ma Cour eſt couverte, & qui s'élévent tous les jours pour ma gloire, & pour faire oublier éternellement aux Citoyens ma honte & mon déshonneur !

Je vous avoue, ma chere Patrie, que cet événement ineſpéré eſt pour moi la ſatisfaction la plus intime & la plus ſenſible que j'aye éprouvé depuis mon exiſtence. Quel moment délicieux ! où l'on paſſe ſans s'y attendre, du mépris le plus humiliant aux honneurs qui nous ſont dus, & dans leſquels la bonté du Souverain veut bien nous rétablir ! Que ce changement eſt flatteur ! que cette faveur eſt conſolante !

LA VILLE.

Ma joie ne céde point à vôtre, & ne ſçauroit croître à [illegible]éſent que par celle de l'accueil que vous aura fait votre héros & le mien. Je vous avouerai avoir vû avec envie votre départ, & le bonheur dont vous alliez jouir par l'aſpect de cet illuſtre Citoyen, à qui je ſerai éternellement redevable des travaux immenſes qu'il avoit entrepris pour ma gloire. La Nation ne lui doit pas une moindre reconnoiſſance, pour avoir aggrandi ſon goût & élevé ſes idées dans les Sciences & dans les Arts. Elle ignoroit avant lui l'étendue de ſon induſtrie en tout genre. Ses talens preſque univerſels étoient comme enfouis dans une mine qu'il a eu le premier l'art de déterrer. Par ces connoiſſances, à quel degré de puiſſance & de ſplendeur n'eut-il pas élevé la France, en la rendant ſupérieure à tous ſes voiſins dans le Commerce, la Marine & les Arts! Hélas! il nous a été trop tôt enlevé pour notre gloire, & l'exécution de ſes vaſtes & utiles projets. Je ne puis vous exprimer mon impatience d'apprendre le ſuccès de cette entrevue, après les reproches humilians qu'il vous fit eſſuyer le jour de ſon apparition dans votre Palais, où il eut beaucoup de peine à me reconnoître. Apparition cependant bien flatteuſe pour vous, puiſqu'il s'arracha à la paix de l'Eliſée, pour calmer votre douleur & vos gémiſſemens, mais en même-tems bien cruelle par l'horreur de votre état, qui le força de rentrer ſi promptement dans la nuit du Ténare. Quelle indignation le ſaiſit à la vue de votre abandon, de vos indécens alentours, & ſur-tout des édifices qu'un barbare intérêt avoit élevés tout nouvellement dans votre centre! Eſt-il une paſſion plus humiliante, que celle dont l'empire aveugle notre eſprit, & ferme notre cœur aux devoirs les plus indiſpenſables d'un état qui nous oblige à défendre l'honneur & la dignité de notre Souverain, en rendant ſa Maiſon reſpectable à toutes les Nations ! Peut-il y avoir des ames paîtries d'une lie aſſez épaiſſe, pour n'avoir la faculté de penſer qu'à leur propre fortune, & qui auroient peut-être ſollicité la deſtruction de ce Palais, ſi elles euſſent pu vendre impunément juſqu'à la pouſſiere de ſes débris !

LE LOUVRE.

Ne me rappellez plus, ô ma chere Patrie, ces objets de douleur & de mépris, puiſque l'on apporte un reméde à mes maux, & qu'un bras généreux vient me relever aujourd'hui de l'opprobre où j'ai été enſeveli pendant tant d'années. O jeune & courageux mortel ! mon ſalut & ma gloire ! la durée de ton nom égalera la mienne : mes pierres, mes marbres t'annonceront aux générations à venir, & aux ſiécles les plus éloignés. Oublions donc toutes mes disgraces, & mettons à la place d'un souvenir si affligeant les consolantes idées de ma prochaine perfection.

LA VILLE.

Enfin je pourrai vous contempler sans obstacles. Je verrai tous les jours de nouveaux Peuples accourir dans votre enceinte, & y faire retentir la voix de leurs applaudissemens.

LE LOUVRE.

Si j'osois vous soupçonner de quelque foiblesse, je craindrois, lorsque l'on aura découvert ma superbe façade, que vous ne pussiez être témoin, sans un peu de jalousie, du concours prodigieux d'Etrangers qui ne viendront chercher dans Paris que le Louvre, & qui mépriseront toutes vos beautés médiocres & vulgaires, pour ne fixer leur admiration que sur mon chef-d'œuvre d'Architecture.

LA VILLE.

Ma jalousie alors seroit bien injuste, de m'aveugler assez pour ne pas voir avec la plus grande satisfaction ce qui doit le plus m'illustrer, & rendre le Palais de mon Roi, digne de son grand nom, si fort au-dessus de celui de tous les autres Rois. J'aurois bien plutôt à me défendre d'un excès d'orgueil, en voyant dans mes murs tous les Etrangers vous apporter le tribut de leur admiration, & à moi celui de leurs richesses. N'allez pas cependant par un excès d'amour propre, vous estimer le seul objet digne de leur curiosité. J'avoue que les connoisseurs les plus versés dans les Arts, ne verront rien dans mes plus beaux édifices qui vous soit comparable pour la correction, la grandeur & la majesté; mais j'offrirai toujours au plus grand nombre des spectateurs, des beautés qui pourront les satisfaire.

LE LOUVRE.

Eh que leur offrirez-vous, n'ayant ni Places, ni Fontaines? Car je ne mettrai point au nombre de vos embellissemens, celle du Fauxbourg S. Germain, que même vos habitans ne sçauroient déterrer sans guide; qui ne fait pour vous ni décoration ni point de vue; enfin que l'on ne peut examiner, d'aucun endroit favorable quand on l'a découverte, tant sa position choque le bon sens. Seront-ce vos misérables Salles de Spectacles presque inabordables, d'où l'on ne peut s'échapper sans danger ? Les charmerez-vous par l'aspect dégoûtant des maisons bâties sur vos Ponts ? ou bien par les irrégularités de vos rues étranglées, sans allignement, toujours comblées de matéreaux, de remuemens de terre, de pavés, & de cent autres embarras qui arrêtent à tout moment la circulation des voitures, & menacent la vie des gens de pied ? Seront-ce les guinguettes si peu décentes de votre Rempart, dont la clôture augmente tous les jours, par les nouveaux bâtiments qu'on y laisse élever ?

LA VILLE.

Je sens la justice de tous ces reproches, & j'en gémis depuis long-tems, avec tous mes habitans. Cependant n'eussai-je que le seul Jardin des Tuilleries, vous ſerez forcé d'avouer qu'il ſuffiroit à l'admiration des plus difficiles. La ſimple & ſçavante diſtribution de ſon plan, enchantera toujours les regards de l'Univers.

LE LOUVRE.

Je ſuis d'accord avec vous que ce lieu eſt autant admirable, que ſa deſertion eſt incompréhenſible; mais ſes beautés étant d'un autre genre; ne peuvent m'être comparées; d'ailleurs il fait partie de mon plan & de mon enceinte; & nous ſommes enfans du même pere, puiſque c'eſt le génie de Colbert & ſes grandes idées, qui ont fait tracer au ſçavant le Nautre, un Jardin digne du Palais de ſon Roi, & qui pût répondre à ſa magnificence. Enfin c'eſt une vérité inconteſtable, que les curieux des grandes beautés en Architecture, après avoir parcouru les deux Mondes, ne pourront être pleinement satisfaits que par mon aspect. Que l'Egypte ne vante plus ses Pyramides, Athènes son Lycée, Rome son Capitole, la Seine expose sur ses bords, un Monument qui les efface tous. Les admirables portiques de mon Frontispice, seront éternellement le modéle des plus belles proportions, & la voix la plus éloquente qui publiera à la postérité, l'excellence & la supériorité du génie François.

LA VILLE.

On voit bien par ces éloges pompeux de vous même, que vous n'êtes pas accoutumé aux prospérités; celle-ci vous jette dans une espéce d'yvresse un peu indécente. Quatre-vingts années d'humiliation ne vous ont pas rendu plus modeſte. Mais fut-on entierement exemt de défauts, ce qui n'eſt accordé par les Dieux à aucun ouvrage des humains toujours ſujets à l'erreur, ſachez que c'en eſt un grand de parler de ſoi avec avantage, & d'ailleurs, il y a encore chez vous un ſi grand nombre d'imperfections, qu'elles devroient vous rendre plus reſervé ſur vos propres louanges. Cependant je vous pardonne cette ſaillie de vanité, aux conditions que vous vous hâterez de ſatiſfaire l'envie que j'ai de ſçavoir votre entrevûe avec ce grand Miniſtre.

LE LOUVRE.

Je voudrois, en commençant mon récit, m'épargner & à vous, l'humiliant aveu de mes frayeurs inexprimables, à l'abord des frontieres de ce ſombre Royaume.

Elles pourroient cependant être excusables dans un voyageur, qui n'avoit jamais vû que les bords de la Seine. J'eus la foiblesse de me repentir plusieurs fois d'une entreprise, où je croyois le péril plus grand que la gloire du succès. Cependant après avoir franchi sans aucun accident, les sombres avenues du Tartare, j'apperçus à la faveur d'une lumiere très-foible & rougeâtre, semblable à celle d'un incendie dont on seroit encore fort éloigné, une foule innombrable de Fantômes inquiets & plaintifs, qui peuploient les bords du premier fleuve infernal, & qui annonçoient par la violence de leurs efforts, leur désespoir de ne pouvoir le traverser. Je plaignois leur situation, & j'en craignois une semblable, lorsque je me sentis transporté en un instant sur l'autre rive. Je ne vous dirai point à qui je dus un ſervice auſſi important, je l'ignore encore; de même que la faveur, ſi c'en eſt une, de traverſer l'affreux ſéjour où les Ombres criminelles ſouffrent des tourmens qui nous ſont inconnus, & pouſſent ſans ceſſe des cris les plus perçans & les plus douloureux.

A peine je fus délivré de cet horrible aſpect, & j'en rendois grace au deſtin, lorſque je vis approcher une Ombre toute brillante de lumiere qui me reconnoît, & me témoigne ſa joie de trouver un Génie vivant dans le ſéjour de la mort. Je n'eus point de peine à me rappeller ſes traits, & vous avez trop ſouvent reſſenti ſes bienfaits, pour qu'ils ſoient effacés de votre mémoire. C'étoient ceux d'un Magiſtrat que vous pleurez encore, &

dont on ne vous a point fait oublier la perte. Eh quoi, vous ne vous rappellez point celui que je vous désigne si clairement ?

LA VILLE.

J'y pense, & je ne présume d'autre Citoyen en place, que le zélé Turgot, qui, depuis la mort du grand Colbert, a cherché en quelque façon à le remplacer ; seroit-ce lui ?

LE LOUVRE.

Oüi, c'étoit lui-même.

LA VILLE.

Ah je regrette tous les jours ce Magistrat infatigable, toujours actif, & toujours occupé de mes embellissemens. Combien de fois l'ai-je vû pénétré de douleur à l'aspect de votre abandon, & des nouveaux outrages dont on

vous

vous accabloit tous les jours !

LE LOUVRE.

Ecoutez ce qu'il eut la bonté de me dire. Je vous ai trop admiré, & en même-tems trop plaint, pour ne pas m'empresser de vous obliger, & vous donner tous les secours nécessaires à un étranger dans ces ténébreux climats, où il y a tant de périls à éviter. Je viens donc être votre guide, parmi les innombrables détours de ce noir Empire. Je ne doute pas que vous n'en ayez affronté les horreurs, pour la satisfaction de revoir ce grand Ministre à qui vous devez le jour. Ce n'est point le hazard qui m'a fait venir à votre rencontre, je sçavois votre arrivée prochaine aux Enfers, & voici comment. Ma demeure n'est pas éloignée du Palais des Songes, de ces aimables trompeurs que les Dieux bienfaiſans ont accordés aux mortels, pour les conſoler de l'abſence des vrais biens, par des biens imaginaires. Il s'en échappa un depuis peu par la porte d'yvoire, qui pénétra dans ma retraite; il étoit accompagné d'un ſommeil agréable où il me plongea pour un inſtant, & pendant lequel je fus inſtruit de votre courageux deſſein. Il voulut par ce bon office me faire ſa cour, ſachant que le même zéle que j'avois toujours eu pendant ma vie pour les Arts, les monumens honorables à ma Patrie, & ſes embelliſſemens, m'avoit ſuivi dans les Champs Éliſées, & m'intéreſſoit encore. Je lui en marquai ma reconnoiſſance, & c'eſt ainſi que j'ai été prévenu ſur votre deſcente en ces lieux. Je vais donc vous conduire au ſéjour des Miniſtres fidelles, désintéressés, & sur-tout passionnés pour la gloire de leur Roi & de la Nation. Mais les routes qui y menent sont âpres, ambigues, & mal-aisées à tenir. Je ne vous cache point que vous aurez bien des obstacles à vaincre, des Spectres épouvantables à mettre en suite, des torrens de feux, des précipices à franchir, les vapeurs empoisonnées des marais du Styx... Ne m'en dites pas davantage, lui repliquai-je, sachez que rien n'est capable de me rebuter. Eh que ne peut le courage enflammé par la reconnoissance!

LA VILLE.

Graces aux bontés secourables de cette Ombre, vous voilà dans l'impossibilité de vous égarer; & je touche au moment que je désire avec tant d'ardeur, celui du ſuccès de votre entrepriſe.

LE LOUVRE.

A peine nous fûmes enfoncés dans la noirceur d'une épaiſſe forêt, que j'éprouvai tout ce que m'avoit annoncé ce généreux ami. Une foule d'objets épouvantables, qui ſe ſuccédoient continuellement, auroit abattu le plus ferme courage, ſi cette affreuſe obſcurité, qui en augmentoit l'horreur, n'eut eu quelques intervalles de diminution, par les corpuſcules lumineux qui s'élançoient de tems en tems de cette ombre heureuſe. Après une marche d'une journée auſſi longue que périlleuſe, une foible lumiere vint raſſurer mes regards. A meſure que j'en approchois, je reſpirois un air plus doux & plus pur, un ſentiment flatteur de ſécurité, qui juſques-là m'étoit inconnu, pénétroit mon existence, & sembloit la renouveller. Chere Ombre, lui dis-je, je ne sçaurois douter à présent de notre entrée dans les heureux climats que vous habitez. Nous y voilà enfin arrivés, me dit-il, mais avant de vous conduire au séjour des bons Ministres, je veux que vous voyez les différentes demeures de nos Rois. Celle des meilleurs ne nous arrêtera pas long-tems, par le peu d'espace qu'elle renferme. Jettez les yeux de ce côté-ci; n'appercevez-vous pas un jour vif, éclatant, & dont cependant l'œil n'est ni ébloui ni fatigué? C'est-là qu'habitent les Souverains qui ont préferé le bonheur de leurs Sujets, à des satisfactions frivoles & passagéres; qui ont eu une ame assez forte & assez élevée pour laisser approcher, & même pour appeller à eux ces hommes vrais, qui oſent les éclairer ſur leurs défauts, & les inſtruire de ces importantes maximes de gouvernement, qui font la gloire des Rois, & la ſolide félicité des Peuples. Fondées ſur les loix de l'Etat & de la Religion, elles affermiſſent le Trône quand elles décident dans leurs Conſeils, & leur aſſurent l'amour de leurs Sujets, qui fait leur plus fidelle garde. Ils poſſédent dans ce fortuné ſéjour cette véritable paix, ſans laquelle le cœur ne goûte point de plein repos, même dans la plus volupteuſe abondance des biens que leurs Sujets ambitieux & aveugles leur envient le plus. Elle pénétre toute leur ame, comme la lumiere pénétre l'air qu'ils reſpirent, & n'y permet d'entrée ni aux troubles, ni à la crainte, ni même à l'ennui qui dévore ſi ſouvent les

Grands, & auquel le stupide vulgaire les croit inaccessibles. Voilà leur récompense. En est-il de plus délicieuse ? Je parcourus attentivement le séjour de tous ces fortunés Monarques: j'y vis entr'autres Charles le Grand; Charles le Sage; Louis XII. le Pere du Peuple; François I. le Pere des Lettres; Henri le Grand. Mais quelle fut ma surprise d'y appercevoir Louis XIV. à l'écart & absorbé dans une profonde rêverie. Mon guide sentit mon étonnement, & me dit, ce grand Roi, dont le cœur étoit bon & tendre, s'occupe en ce moment de ce qu'il a fait & de ce qu'il devoit faire. Il se reproche peut-être d'avoir préféré sa propre gloire, au bonheur réel de ses Sujets. Quoiqu'il ait étonné l'Univers par la grandeur de sa puissance, par des faits immortels, par sa magnificence que toute la terre est venüe admirer, il se repent encore d'avoir trop négligé les vertus pacifiques, qui seules laissent jouir les Souverains des délices de ce séjour de paix. Je l'ai vû même souvent gémir d'avoir trop écouté la louange. J'avoue que, depuis Auguste, jamais encens n'a été si ingénieusement préparé, ni si adroitement déguisé ; mais c'est toujours un poison mortel présenté par des assassins, qui, quoique séduisans & agréables, trompent les Rois & les entraînent dans les plus honteux égaremens, en justifiant leurs foiblesses.

LE LOUVRE.

Ah ! que m'apprenez-vous ! vous m'affligez extrêmement. Quoi ! ce Monarque si célébre, respecté dans les deux mondes, qui a plus illustré le Sceptre que tous ceux qui l'ont porté ; triomphant, victorieux, servi & éclairé par les plus grands Ministres, ne jouit pas de toute la tranquillité, & de toutes les récompenses destinées aux plus grands Rois ! Je vous l'ai déja dit, ajouta-t'il, c'est qu'il a trop aimé ce fléau le plus redoutable au bonheur des Peuples, & la ruine la plus certaine des Etats, je veux dire la guerre; mais consolez-vous le voyant habiter parmi les Ombres heureuses; s'il ne partage pas tout l'excès de leur bonheur, soyez assuré que celui dont il jouit, n'éprouvera jamais la moindre altération.

Après avoir fait quelques pas, enfin, s'écria-t'il, nous voici arrivés au séjour des grands Ministres; vous voyez qu'il tient à celui des grands Rois, c'est pour avoir avec eux un commerce intime & continuel. Ils seroient même confondus, sans la couronne qui en fait l'unique distinction. Eh quoi de plus juste, que ces génies tutélaires, ces puissans moteurs des plus grandes Monarchies, qui y excitent ou calment les tempêtes à leur gré, dont le choix est si important pour les Rois, & encore plus au bonheur des Peuples! quoi de plus juste que ces Ministres laborieux, désintéressés, inaccessibles aux douceurs du repos, fermes jusqu'à mépriser la faveur, & résister aux volontés de leurs Maîtres dès qu'elles blessent les loix, ou qu'elles accablent leurs sujets, toujours en butte aux traits de la satyre, quelque irréprochable que soit leur conduite! quoi de plus juste enfin qu'ils goûtent après leur mort une paix délicieuse & immuable, qu'ils jouissent d'une gloire qu'ils ont acquise au prix de tant de travaux, & que l'envie & l'injustice leur ont refusé de leur vivant!

Rien en même tems de plus conforme à l'exacte justice, que les méchans Ministres, auteurs de la misere publique, soient livrés à des supplices plus cruels encore que ceux des Rois qui leur ont donné toute leur confiance, & qu'ils ont coupablement trahis en leur dérobant les larmes & les souffrances de plusieurs milliers de leurs sujets, qu'ils auroient soulagés, & dont ils ont été les meurtriers sans le sçavoir. Qui, jaloux de leur domination & leur autorité, ont fait préferer à leur Souverain une vie molle & oisive, à la connoissance & à la pratique de leurs devoirs. Ah si j'eusse traversé avec vous le Tartare, combien je vous en aurois fait voir, en proie à des tourmens égaux en nombre à celui des hommes dont ils ont fait le malheur & le désespoir !

Leur aſpect, lui dis-je, m'auroit horriblement affligé, & la cruauté de leurs tourmens en eut été un pour moi véritable; peut-être même en euſſai-je reconnu quelques-uns que j'euſſe été fâché d'appercevoir. Je ne pus cependant m'empêcher, malgré la rapidité avec laquelle je parcourus cet épouvantable ſéjour, d'y en remarquer pluſieurs dont je fus étrangement ſurpris, & vous ne le ſerez pas moins, quand je vous les aurai nommés.

LA VILLE.

Non, je veux les ignorer. Laiſſez-moi la délicieuſe ſatisfaction d'eſtimer ceux dont j'aime encore la mémoire, dont j'ai admiré les talens, & de qui vraiſemblablement j'ai reçu quelques bienfaits. La certitude de leurs malheurs m'y rendroit trop douloureusement sensible. S'ils ont été citoyens, c'en est assez, ils ne sont plus coupables à mes yeux.

LE LOUVRE.

J'approuve fort des sentimens qui affermissent votre bonheur; & pour éloigner toutes les idées qui pourroient le troubler, je veux vous faire part d'une nouvelle qui doit vous être extrêmement agréable. J'apprends en arrivant dans ce Palais, que le Roi vient d'ordonner la démolition de tous les bâtimens de mon intérieur, & sur-tout de ceux qui ont été élevés depuis peu d'années avec tant de soin & de solidité.

LA VILLE.

Je l'ignorois. Cependant dès que j'ai vû travailler sérieusement à votre réparation, je m'en suis flatté aussi-bien que tous mes habitans, dont l'aspect les a si rudement offensés; mais je ne m'attendois pas à jouir sitôt de cette satisfaction.

LE LOUVRE.

Dans peu de tems il n'en restera pas de vestige, & cette entiere destruction me cause une joie que je ne puis vous exprimer.

LA VILLE.

Dès que les fautes sont punies, on doit plaindre ceux qui ont failli, loin de se réjouir de leur peine. Ils sont assez malheureux par la honte de sentir qu'ils l'ont méritée.

LE LOUVRE.

Pardonnez-moi, chere Lutece, cette parenthèse, ce sera la derniere, & j'acheve tout de suite le récit de mon voyage.

Enfin après bien des détours, j'apperçus un bosquet extrêmement lumineux. L'aspect m'en parut si riant & si delicieux, que je le jugeai le temple de ma divinité, & le terme de mes desirs. Je ne me trompois point. D'abord mon conducteur m'y fit remarquer plusieurs grands hommes d'État confondus avec les grands Ministres, que leur célébrité me rendit curieux d'observer, & qui m'eussent été inconnus sans son secours. J'y vis entr'autres Jaques Cœur, Philippe de Comines, Guillaume Briçonnet, Florimond Robertet, Jean-Jaques de la Vacquerie, George d'Amboise, Jaques de Samblançai, le Chevalier Bayard, François de Montholon, Gilles le Maitre, Michel de l'Hopital, Maximilien de Bethune de Rosni, Achilles de Harlai,

Nicolas Brulart, Jerôme Bignon, Sublet des Noyers, Henri de la Tour d'Auvergne, Michel le Tellier, François de Louvois, & beaucoup d'autres. Avant de parvenir à celui que je desirois, je cherchois avec avidité Richelieu & Mazarin, deux grands politiques encore célébres lors de ma fondation. Vous ne les trouverez point ici, me dit-il; quoique le génie puissant & élevé du Cardinal de Richelieu, ait renversé tous les obstacles qui s'opposoient à la grandeur de ses projets, & écrasé les ennemis les plus jaloux de la supériorité de la France. Ses succès purement avantageux à la domination de nos Rois, coûterent trop de larmes aux principaux membres de l'Etat, dont il tint presque toujours les rênes avec des mains ensanglantées.

Mazarin par sa politique rusée & profonde, sçut en habile pilote sauver le vaisseau qui lui fut confié, des coups de tempête & d'orage qui le battoient de toute part. Il eut mérité d'être placé parmi les plus grands Ministres, s'il ne se fût deshonoré par sa basse & insatiable avidité des richesses, qui ternit la gloire de ses plus utiles opérations.

Enfin nous voici, me dit-il, dans cette région pure & lumineuse, dans ces lieux habités par la paix & la parfaite félicité. Voyez-vous à deux cens pas d'ici dans ce berceau couronné de mirtes & d'oliviers, Colbert assis sur un gason, s'entretenant avec Perrault? Ah je le vois, m'écriai-je avec transport ! eh bien, me dit-il, à présent je ne vous suis plus nécessaire, & je vous laisse. Non, demeurez chere Ombre, lui dis-je, ma frayeur n'a point encore été si grande qu'en ce moment. Je tremble d'aborder celui qui m'abandonna avec une si grande indignation; comment oserois-je lui parler sans votre secours? Approchons donc, me dit-il. Dès que Colbert m'apperçut, un étonnement mêlé de mépris parut troubler son ame, & il étoit prêt de s'éloigner, quand l'Ombre qui m'accompagnoit l'arrêta, en lui disant, grand Ministre, au nom de l'amitié qui nous unit si étroitement, permettez, je vous prie, à celui que je vous présente, de s'approcher, & de vous parler. Alors me jettant à ses pieds, ô mon pere, lui dis-je, daignez écouter sans ressentiment, celui qui a été si justement l'objet du vôtre. Je ne serois point descendu dans ces lieux, pour troubler votre repos par ma préſence, ſi je n'euſſe crû vous devoir faire part des ſujets de joie & de conſolation qui ſuccèdent aujourd'hui à la douleur de mon abandon & de mon aviliſſement pendant un ſi grand nombre d'années. Enfin mes malheurs ſont finis, & je vais devenir digne de vos regards. A ces mots il me tend la main pour me relever ; le calme & la ſerenité reparoiſſent ſur ſon viſage, ils me rendent la confiance, & me promettent une audience favorable. Je pourſuis. Le jour heureux que vous fûtes aſſez ſenſible à mes gemiſſemens pour revoir la lumiere en ma faveur, vos yeux s'irriterent de l'horreur de mon état, & des infamies dont on avoit aſſiégé cet auguſte Palais. Apprenez donc, ô mon pere, qu'un Citoyen zélé pour le progrès des beaux arts dans ſa Nation, & éclairé ſur leurs vraies beautés, a mérité que le Roi lui confiât le Gouvernement & l'honneur de ſes bâtimens, & a été fortement touché de ma ruine prochaine. Il a engagé Louis XV., toujours prêt à répandre ſes bienfaits ſur les Savans, & ſur les productions de génie, ſi rares dans tous les tems, & ſur tout dans celui-ci, d'immortaliſer ſa mémoire en dévoilant mes beautés, & me ſauvant des outrages du tems. Il s'eſt crû redevable à la poſtérité de la conſervation d'un édifice, dont la juſteſſe admirable des proportions ſervira de modéle & de frein aux licences de notre ſiécle dans ce bel art. Enfin ma ſuperbe façade va devenir acceſſible aux yeux avides & impatients des Citoyens & des Etrangers, qui ſoupirent depuis ſi long tems après la ruine des obſtacles qui nous la dérobent. Pour cet effet l'on doit abbattre le Garde-meuble, bâtiment gothique & ruineux, les Ecuries de la Reine, l'Hôtel des Postes, & tout ce qui pourroit masquer à sa suite la façe entiere de mon Peristile. On purifiera incessamment mes avenues de toutes ces barraques ignobles, de toutes ces échoppes indécentes qui vous ont si fort choqué, retraites privilégiées d'une populace mercénaire, & qu'un vil intérêt, ou une protection surprise contre les intentions de Sa Majesté, ont adossées à mes murs, qui dégradent mon architecture, & profanent mes entrées, autrefois si honorables, & accordées uniquement aux premiers de l'Etat. Mais ce qui mettra le comble à votre joie, c'est l'entiere destruction de ces bâtimens neufs élevés dans le centre de ma cour, dont l'aſpect avoit ſi fort irrité vos regards, & excité votre envie de ſçavoir quels ſervices ſublimes avoient mérité à leurs habitans des logemens ſi diſtingués.

L'OMBRE DE COLBERT.

La triſteſſe & les regrets ſenſibles n'ont point d'accès dans ces demeures fortunées, & n'en peuvent jamais troubler la paix. Ainſi le violent dépit qui me fit quitter ſi précipitament votre ſéjour, ne m'a point ſuivi dans ces paiſibles climats. Mais ſi nos ames ſont inacceſſibles aux troubles & aux moindres allarmes, elles ne le ſont point à la joie, & la nouvelle que vous venez m'apporter m'en fait reſſentir une délicieuſe. Vous me donnez une grande idée de votre Monarque en m'apprenant qu'il a ordonné de rétablir ce Palais qu'il n'a point fait conf-truire, & qui avoit été entierement oublié pendant plus de quatre-vingts ans. Cette belle action est peut-être sans exemple dans l'histoire des Rois, rien n'étant si naturel chez eux & chez tous les hommes, que de préferer leurs productions & les ouvrages de leur régne, à ceux de leurs prédecesseurs. Mais s'il mérite mon admiration par une attention si rare, & par son estime pour ce qu'il posséde de plus grand & de plus parfait, je n'en ai pas une moins forte pour celui qui lui l'a inspirée. Que les bons Rois sont heureux, mais que ce bonheur est rare, d'avoir auprès d'eux des hommes vrais & désintéressés, jaloux de l'honneur de leur Souverain & de celui de la Nation ! Je n'ai que trop éprouvé qu'ils sont presque toujours trompés par ceux en qui ils ont le plus de confiance, & qui se donnent bien de garde de les porter à rien entrependre de ce qui pourroit les immortaliser, dès qu'ils ne voyent rien dans ces entreprises d'avantageux pour leurs fortunes. Cette vue intéressée n'est pas le seul motif qui les en détournent, celui de leur vanité y a encore beaucoup de part ; elle brigue la gloire d'avoir imaginé des nouveautés, quelques misérables qu'elles soient, pour s'en faire honneur auprès du Prince & solliciter des récompenses ; & c'est ce qui en même-tems me pénétre de la plus forte estime, pour le Citoyen généreux & désintéressé qui a engagé Louis XV. à l'exécution d'un si digne projet. Combien vous lui devez & toute la nation de reconnoissance !

Voüs ne voyez point celui qui est à mes côtés, continua-t'il, le nuage brillant qui l'environne, vous empêche de le reconnoître. C'est le Vitruve françois à qui vous devez le jour ; c'est l'illustre Perrault, c'est votre pere, & il l'est à bien plus juste titre que moi, puisque son divin génie vous a enfanté, & que ses soins vous ont élevé. Il est vrai que sans mes lumieres & ma fermeté, vous seriez encore dans le néant. Il falloit le faire triompher de cette foule d'envieux qui s'efforcent de détruire les génies supérieurs par des cabales & des calomnies, dès qu'on leur destine une entreprise éclatante. C'est même en vain que la Nation les produira, si le Ministre n'est pas capable d'appercevoir la supériorité de leurs talens, & ne sçait pas s'attacher ces ames ordinairement hautes & fieres, qui préferent l'honneur & l'estime de leur Souverain, aux faveurs de la fortune, & ne savent ni ramper ni flatter pour les obtenir. C'est donc à nous à les engager d'enfanter des chefs-d'œuvres en caressant leur amour propre, & en leur accordant des préférences marquées sur leurs concurrens sans mérite, ou qui leur sont extrêmement inférieurs, rien n'étant plus propre à décourager leur génie, que de se voir confondus avec ces hommes vulgaires. Dans ce moment l'Ombre de Turgot s'approcha de lui, comme ayant à lui parler, & je saisis cet instant pour me jetter au cou de mon auteur bien-aimé. O! divin génie, lui dis-je, en l'arrosant de mes larmes, mon créateur & mon pere, quelles marques pourrois-je vous donner de ma tendresse & de ma reconnoissance qui pussent égaler mes sentimens ! C'est avec plaisir, me dit-il, que je vous revois ; quoique j'aye eu quelque peine à vous reconnoître. Vous avez toujours eu la préférence dans mon affection sur tous mes autres enfans. L'Arc de Triomphe du Fauxbourg saint Antoine auroit pû balancer la tendresse paternelle, mais quoiqu'il surpasse en magnificence & en régularité tous les Arcs de Triomphes de cette superbe ville, autrefois maîtresse de l'univers ; étant élevé hors des murs de ma Patrie dont j'ambitionnois si fort la perfection, je vous ai toujours regardé comme la production la plus parfaite & la plus sublime de mon art, & qui devoit faire le plus d'honneur à la France.

LE LOUVRE.

Hélas mon pere, lui dis-je, ce qui rend encore sa mémoire plus chère & plus précieuse à tous les François, c'est que ce bel Arc de Triomphe n'existe point. Des mains barbares ont détruit ce qui en étoit élevé, & en ont arraché jusqu'aux fondemens.

PERRAULT.

Quoi, cet édifice qui devoit consacrer à l'immortalité les belles actions de Louis XIV, que la reconnoissance de la Ville envers les bienfaits de ce Monarque, m'avoit fait imaginer avec une magnificence qui surpassoit infiniment celle de tous les Arcs de Triomphe que Rome avoit élevés, pour recevoir superbement dans ses murs ses Empereurs, ses Généraux d'armée, & tous les

Rois captifs qu'ils traînoient à leur suite, cet édifice fondé pour l'éternité, par l'excellente construction que j'avois imaginé pour en rendre les fondemens inébranlables, (*) cet édifice n'existe point ?

LE LOUVRE.

Non, mon pere, & quoique ses beautés pussent être comparées aux miennes, & en être les rivales, lorsque j'appris sa destruction, j'en poussai avec tous les François des cris de douleur & d'indignation. Mais que ne devons-nous pas espérer sous un Roi qui aime à soutenir les Arts, & qui sent le prix & la nécessité de leur perfection pour l'honneur de son régne & la durée de sa gloire !

(*) *Voyez à ce sujet l'Ombre du grand Colbert, pag. 41. deuxième édition.*

Ce qui relève encore nos espérances, ce sont les sentimens nobles, & élevés de celui que le Roi a choisi pour l'Intendance de ses bâtimens & des arts. C'est son zéle actif & vigilant pour leur progrès, qui ne se borne pas à des connoissances oisives & stériles, mais qui sait penser & exécuter. Que ne devons-nous pas espérer au moment que ses mains bienfaisantes me rendent mon honneur, arrêtent mon dépérissement, & sauvent mes beautés de leur ruine ! Seroit-ce trop présumer de ses connoissances du vrai beau & de sa passion pour la gloire de son Roi, que d'espérer qu'il pourra faire un jour relever ce même Arc de Triomphe si superbe, pour éterniser sur le marbre les belles actions de ce Monarque ? A peine a-t'il atteint la moitié de sa carriere, & les traits de ſa vie, dignes d'inſtruire ſa poſtérité, ſont déja aſſez nombreux pour remplir tous les médaillons de votre admirable monument. Eſpérons donc qu'un ſi bel ouvrage, qui m'égale en grandeur & en perfection dans ſon genre, ne ſera pas enſeveli dans l'horreur de l'oubli avec les productions vulgaires & ſans génie. Les Portes de la Conférence & du Fauxbourg S. Honoré abbatues & non remplacées, attendent un monument digne d'annoncer aux Etrangers, la premiere ville de l'Univers, & la capitale du plus beau de tous les Royaumes.

PERRAULT.

Cette eſpérance me paroît fondée, & je déſire ardemment pour l'honneur de la nation Françoiſe, qu'un ouvrage ſi ſupérieur en ce genre à tous ceux qui ont été élevés, ne ſoit pas perdu pour la poſtérité. Mais pendant que notre grand Miniſtre s'entretient avec votre ami, je vous prie de ſatisfaire ma curioſité ſur votre état préſent. Dites-moi ſi quatre-vingts années d'abandon total & de défaut de couverture, n'ont point apporté de dommage à mon Périſtile ?

LE LOUVRE.

Aucun, à l'exception d'une très-petite partie d'une des corniches rampantes du fronton, de la largeur d'environ deux pieds, qui s'étoit détachée il y a quelques années, & avoit fait en tombant une brêche de la même largour à la corniche de la baſe. Mais elle vient d'être parfaitement rétablie, & avec les plus grandes précautions.

PERRAULT.

PERRAULT.

Quoi ! les plattes-bandes des architraves, dont la grande portée paroissoit si hardie & si téméraire à tous les Architectes, qu'ils en avoient assuré la ruine avant l'élevation de l'édifice jusqu'au comble, ne se sont point affaissées depuis un si grand nombre d'années ?

LE LOUVRE.

L'œil ne sçauroit appercevoir aucun dérangement sensible ni dans les claveaux des plattes-bandes, ni dans les plat-fonds des galleries.

PERRAULT.

J'ai encore une grande impatience d'apprendre si les chapiteaux des colonnes de ces portiques, dont j'avois pris soin de modeler les belles formes sur celles de l'antique le plus parfait, & de faire tailler les feuilles avec une extrême précision par les plus savans sculpteurs d'architecture de l'Italie, n'auroient pas éprouvé quelques accidens ?

LE LOUVRE.

Non, mon pere, on admire encore la légereté & le travail de leurs feuilles, la grace de leur proportion & de leur contour, & ils serviront éternellement de modéle à cet ordre divin, aussi-bien que leurs colonnes, sans que peut-être on puisse égaler la précision & la perfection de leur exécution.

PERRAULT.

Et pourquoi n'exécuteroit-on pas aujourd'hui chez vous la bonne architecture avec la même précision ? Si je fus obligé pour la perfection de ce grand ouvrage, d'appeller des sculpteurs étrangers, ce fut par la médiocrité en ce genre de ceux qui travailloient alors à Paris ; mais depuis un si grand nombre d'années, il a dû s'en former plusieurs excellens.

LE LOUVRE.

Non, nous n'en avons point de distingués pour l'architecture, & plusieurs circonstances ont contribué à cette rareté. D'abord, le très-petit nombre d'édifices publics, & d'une grande décoration qui ont été élevés depuis la mort de Louis XIV. Ainsi plus d'émulation dans cette partie de la sculpture, qui demande une étude particuliere & une grande pratique, & pour laquelle il seroit à souhaiter qu'il y eût une école à part pour former d'habiles ouviers. En deuxiéme lieu, l'amour des caprices & des nouveautés sans génie, ayant prévalu dans presque tout ce siécle-ci sur le goût de l'architecture antique si sage & si simple, nos Sculpteurs ont épuisé tous leurs talens dans des ornemens bizarres, dans des cartouches ridiculement posés de biais, & une infinité d'autres licences qui nous auroient bien-tôt ramené les extravagances de l'architecture gothique, si le goût sage & éclairé de celui qui préside aujourd'hui aux beaux arts, ne nous faisoit espérer de voir bien-tôt renaître les belles proportions des ouvrages de votre siécle. Il étoit donc impossible que pendant une si longue éclipse du bon goût, il pût se former des ouvriers propres à bien exécuter la bonne architecture, & leur incapacité a paru dès que les occaſions s'en ſont préſentées. En voici quelques exemples. Lorſqu'il a fallu reconſtruire il y a cinq ou ſix années les portiques d'une des deux galleries à l'entrée du palais des Tuilleries du côté du jardin, dont les façades ſont décorées d'architecture, la ſculpture nouvelle y eſt infiniment inférieure à l'ancienne, & d'une groſſiereté & d'une peſanteur qui choque tous les jours le public le moins connoiſſeur, ſur-tout dans un lieu auſſi apparent & auſſi fréquenté. Il y a deux ans que l'on fut obligé de rétablir la ſemblable gallerie qui eſt ſur la même ligne & du même ordre, & cette derniere eſt encore pire que la précédente. On en voit un autre exemple auſſi frappant dans l'Egliſe des Peres de l'Oratoire du Louvre, achevée depuis quelques années, & où les nouveaux chapiteaux corinthiens des pilastres ne sçauroient soutenir la comparaison des anciens, faits sous la conduite du Sieur le Mercier habile Architecte. Cette Chapelle ayant été bâtie pour être celle du Louvre, j'ai été très-sensible aux défauts de son achevement, & aux nouveautés qui la déshonorent. On y a ajouté un ridicule baldaquin, qui rompt toute l'ordonnance de cette belle architecture, & dérobe l'aspect du choeur de ces Peres, dont le plan elliptique & l'exécution sont admirables. Ce baldaquin est formé d'une misérable portion d'entablement circulaire, soutenue par quatre fortes colonnes qui n'ont ni rapport ni proportion, avec l'ordre d'architecture qui l'avoisine de très-près ; il est surmonté d'un couronnement en consoles renversées ; très-lourd, mais très doré, qui ſemble porter à faux, & être tout près d'écraſer ceux qui le conſiderent.

Une autre raiſon de la diſette de bons ſculpteurs en ce genre, & de l'imperfection qui régne depuis pluſieurs années dans la décoration extérieure de la plûpart de nos édifices, c'eſt le peu de connoiſſance du plus grand nombre de ceux qui les employent, & l'avidité du gain qui domine aujourd'hui dans toutes les profeſſions, pour fournir aux dépenſes énormes qu'exige l'excès où le luxe eſt porté. Quelles métamorphoſes vous étonneroient, mon cher Perrault, ſi vous revoyiez votre patrie ! Confuſion & renverſement de tous les états, fraude univerſelle par l'avidité d'avoir, domination impérieuſe & révérée de l'opulence, plus de mœurs, plus de converſations ſuivies & utiles, vous chercheriez votre ancienne patrie dans Paris sans pouvoir la trouver. Voilà les raisons qui m'ont autorisé à vous exposer la difficulté, d'avoir aujourd'hui des ouvriers capables de la patience & de l'attention nécessaire pour la précision que l'on admire dans les sculptures de votre Péristile.

PERRAULT.

Vous m'avez fait un grand plaisir de m'assurer que les chapiteaux de mes colonnes ont encore leur premiere beauté. Leurs saillies étant les plus délicates & les plus exposées de toutes les parties de l'architecture, on ne sçauroit répondre de leur entiere conservation pendant un si grand nombre d'années, quelques précautions que l'on prenne. A l'égard des colonnes, des entablemens,

& de tout le reſte de ce grand édifice, je ne ſuis point étonné de leur intégrité par le ſouvenir des attentions inexprimables que j'avois donné à la ſolidité des fondations. Elles ont plus de vingt pieds de profondeur ; & la grandeur des aſſiſes, ma ſéverité dans le choix des blocs, & leur liaiſon inſéparable à l'aide de la même machine que j'avois imaginé, & dont je m'étois ſervi pour les fondemens de l'Arc de Triomphe, doivent rendre cet ouvrage éternel. J'ai employé la même méchanique dans la conſtruction du corps de maçonnerie élevé ſur les fondations dans les foſſés, & je ne doute pas qu'il ne ſoit encore dans ſon premier état.

LE LOUVRE.

Ces foſſés furent comblés dès

que l'on arrêta les travaux, ainsi je ne puis rien vous assurer à cet égard, mais ils seront certainement rétablis dès que ma façade sera découverte.

PERRAULT.

Avant de quitter cette façade qui m'interesse si fort, & de passer dans votre intérieur, j'ai encore à sçavoir si les sculptures, qui font la richesse des grandes compositions, & l'entiere perfection des édifices, lorsqu'elles y sont employées avec une sevére économie & dans une grande maniere, ont été exécutées? On avoit laissé pour cet effet dans le timpan du fronton, & au-dessus de la porte, des tables d'attente pour les bas-reliefs & beaucoup d'autre saillies pour les masques, les chutes de festons, &c. & des niches pour placer des statues dans le Périſtile qui devoient être faites par les meilleurs maîtres, pour immortaliſer les grands hommes d'Etat, apprenez-moi ce qui a été achevé dans cette partie ?

LE LOUVRE.

Toutes ces pierres ſont encore dans l'attente du ciſeau. Mais je ne penſe pas que, dans le deſſein où eſt le Roi de faire abattre tout ce qui a ſi long tems dérobé au public la vue d'un édifice dont il connoît les beautés & pour leſquelles il s'intereſſe, il veuille les expoſer imparfaites. Cette perfection lui ſera d'autant plus facile que dans ſon Académie de ſculpture il ſe trouve preſque aujourd'hui d'auſſi grands Artiſtes que dans vos tems heureux. Si nous n'avons pas des Puget, des Coyzevox, des Girardons, & des le

Brûn pour les guider, nous possédons des Bouchardons, des le Moine, des Coustou, des Slodz, des Pigal, des Sali, des Adam, des Falconet, & plusieurs autres, capables d'achever dans deux années tout ce que votre belle architecture exige d'ornemens en bas-reliefs, figures, festons, &c.

PERRAULT.

Entrons à présent dans l'intérieur de ce Palais, qui aura sans doute été aussi négligé que son frontispice.

LE LOUVRE.

Il est dans le même état où vous l'avez laissé, au dommage près que causent nécessairement les pluyes, les neiges, les gelées à tout édifice qui n'est point achevé, ni garanti de ces dégradations journalieres pendant un si long tems ; toutes les parties les plus élevées & découvertes ont beaucoup souffert. Le Roi s'étant déterminé à loger le Grand-Conseil dans ce Palais, on travaille à rétablir dans la cour la façade qui est derriere la colonnade & exposée au couchant. On achevera le troisiéme ordre, & on élevera un fronton sur l'avant-corps du milieu, pour ôter la vue du sommet de celui de la colonnade, & toute cette architecture sera terminée par une balustrade.

PERRAULT.

Ce n'eut pas été une médiocre difficulté pour de plus habiles Architectes que moi, de raccorder l'ancienne architecture de cet édifice avec la nouvelle, le dessin & les proportions de la premiere, étant encore très-irrégulieres quoiqu'avec de la beauté. Les ſculptures extérieures & intérieures qui ſont de très-bonnes mains, & plus encore la dépenſe énorme de tout abattre & tout réédifier, furent à Louis XIV. des raiſons de conſerver ce que l'on en voit ſubſiſter. Il falloit donc chercher des moyens de diminuer à l'œil, autant qu'il ſeroit poſſible, (& je ne me flatte pas d'y avoir réuſſi) la difformité que devoit néceſſairement produire deux genres d'architecture ſi rapprochés & ſi différents. Je ne pûs rien imaginer de mieux que d'élever un troiſiéme ordre, & de l'aſſujettir à la hauteur des attiques pour les remplacer, & rendre toutes les faces de la cour de la même hauteur, d'affoiblir les contraſtes du vieux avec le neuf par des doubles avant-corps dans les pavillons, qui par leurs ſaillies &

leurs masses, offriroient à l'œil des points d'appui assez forts pour faire dominer l'architecture nouvelle, en rappellant cependant dans les décorations extérieures celles de l'ancien édifice, quoique d'un goût très-médiocre, telles que des niches, & de petits tableaux mesquins que l'on n'y eut jamais vu sans la trop grande proximité des anciennes. Voilà les raisons qui réglerent l'ordonnance de votre intérieur.

LE LOUVRE.

Je vois à présent la nécessité où vous avez été de conformer l'architecture du dedans, à la médiocrité du goût de celle de l'ancien Palais. Cependant malgré ce défaut d'unité dans l'ordonnance, si les nouvelles façades étoient dans leur perfection, les colonnes cannelées, les entablemens, les chapiteaux & les festons sculptés, les niches remplies, toute l'architecture de ma cour ne laisseroit pas de former un ensemble extrêmement riche, & qui auroit de la magnificence ; mais c'est un bonheur dont je n'ose encore me flatter. Alors je ne doute point que l'on n'achevât mes deux autres façades, sur la riviere, & du côté des Peres de l'Oratoire. J'espere même qu'avant ce tems-là, on dégagera cette derniere qui est d'une singuliere beauté, de toutes les masures, remises, écuries qui dégradent ses murs, que l'on y rétablira les fossés, qui doivent environner cet auguste Château. On me fait même espérer que dès que ma cour sera libre des bâtimens que l'on y a élevés, l'on ouvrira un passage au travers du pavillon qui conduit au quai vis-à-vis celui de l'Oratoire, &

qui

qui eſt fermé au Public depuis ſi long tems.

PERRAULT.

Vous m'avez inſtruit de l'état déplorable où eſt encore la plus grande partie de l'intérieur de votre cour, qui n'eſt ni achevée ni occupée, pourquoi n'y pas placer l'Hôtel de Ville, que je ſçai être encore au même lieu qu'au tems où je quittai Paris, & dont le bâtiment eſt le plus difforme, & l'emplacement le plus oppoſé à ſa deſtination, puiſqu'on n'y ſçauroit donner des fêtes dans les réjouiſſances publiques, ni faire des feux, ſans expoſer tout ce quartier à être embrâſé ? D'ailleurs ce miſérable Hôtel eſt ſitué ſur une place ridicule par ſa forme & ſa petiteſſe, où il n'y a pas une maiſon dont l'aſpect ne ſoit dégoutant, & ne doive offenser les regards du Roi & de toute la Cour, quand il honore la Ville de sa présence. Enfin où les Citoyens, pour qui se font toutes ces fêtes, ne sauroient en être spectateurs. En quel lieu pourroit-on construire des feux d'artifices avec plus d'avantages à tous égards, soit pour la décoration, soit pour les effets, que sur ce massif dans le milieu du Pont-Neuf, & en saillie sur la riviere? Quelle distance plus heureuse pour jouir des prodiges de ce bel art (que l'on a porté, à ce que l'on m'a dit, depuis quelques années en France à un degré surprenant d'agrément & de nouveauté,) que celle du Louvre du côté de la riviere? Quels plus vastes & plus commodes emplacemens pour le public, que ces deux magnifiques quais, le pont-royal & la riviere! Enfin si l'on jugeoit cette façade du Louvre trop resserrée pour contenir tous les Officiers de l'Hôtel de Ville, & que l'on se décidât pour en faire construire un tout exprès dans un grand espace, pourroit-on rassembler les Bureaux des Ministres dans un lieu plus favorable au public que dans votre cour ? Que de courses ! que de voyages ! que de frais épargnés à des sujets obligés de s'y rendre si souvent pour obtenir la justice de leurs demandes, ou exposer leurs besoins ! Combien même y en a-t'il qui abandonnent leurs droits, par l'impossibilité de faire les dépenses nécessaires pour le solliciter ! Que de bénédictions s'attireroit votre Monarque, en abrégeant ainsi leurs peines & en les faisant jouir, malgré la médiocrité de leur fortune, des avantages de l'opulence !

LE LOUVRE.

Ah que ne puis-je porter ces vœux d'un vrai citoyen jusqu'au trône de mon Roi! Il aime ses peuples, & la bonté de son cœur ne demande qu'à connoître leurs besoins pour les satisfaire. Mais les plaintes les plus justes des opprimés sans protection, n'abordent jamais les oreilles des Souverains; toujours écartées par la hauteur & l'intérêt des courtisans, qui ne leur exposent d'autres besoins que ceux de leur ambition & de leur fortune insatiable. Eh! comment les Rois environnés d'une foule d'hommes surchargés des brillantes superfluités de l'abondance & de l'aisance, pourroient-ils soupçonner qu'il y eut tant de braves sujets, victimes du crédit & de la faveur, qui gémissent dans l'infortune dont ils dévorent toutes les humiliations plus cruelles que l'indigence ? Mais je détourne les yeux de ces maux presque inséparables de la condition des Rois, pour ne penser qu'à l'humanité de celui qui nous gouverne. Ses sentimens de piété viennent de lui faire donner des ordres pour rebâtir l'Eglise de sainte Genevieve qui menace ruine. Il va faire élever à cette protectrice de Paris, le plus superbe temple qui soit dans son Royaume, & dans le plus grand goût de la bonne architecture. Toutes les voûtes des bas-côtés, & de la nef, seront portées par des colonnes, & le magnifique tombeau de cette Sainte, sera élevé dans le centre de la croisée sous un beau dôme & au dessus du maître-autel. Celui que le Roi a choisi pour la composition de cette Eglise, est le sieur *Soufflot* excellent architecte, dont le goût sage & mâle a tenu ferme contre la corruption de celui de ce siécle, livré à des formes capricieuses & singulieres surchargées d'ornemens très-recherchés, & toujours borné à de petites parties. La place que le Roi vient de lui accorder, de Contrôleur des Bâtimens royaux de Paris, a causé une joie universelle aux amateurs de la bonne architecture, par l'espérance de voir ses grandes idées annoblir le goût régnant si étroit, & si dépourvu de génie.

PERRAULT.

Je suis ravi d'apprendre que ce bel art, qui a fait mes délices & ma plus chere passion, soit encore en honneur & cultivé dans Paris, & que Louis XV. employe pour ſes bâtimens des hommes d'un génie élevé & ſage en même-tems. Quelques rares qu'ils ſoient, je penſe qu'il y en a eu dans tous les ſiécles, même dans ceux où régnoit la barbarie dans les Arts. Ce ne ſont point les artiſtes qui ont manqué, mais une infinité de circonſtances favorables qu'il eſt très-rare de voir réunies, & cependant abſolument néceſſaires pour développer les talens, & les porter à leur perfection. J'en ſuis un exemple. C'eſt à un heureux hazard que je dois les productions qui m'ont fait le plus d'honneur. Livré dès ma jeuneſſe à l'étude d'Hippocrate & de la ſtructure du corps animal, à celle des Mathématiques & ſur tout de la Mécanique, j'ignorois mes talens pour l'architecture civile. Engagé à la traduction de Vitruve par ce grand Ministre créateur de la perfection des Arts dans mon siécle, mon génie se dévoila, & m'inspira pour celui-ci la plus forte passion. Il est vrai que l'étude profonde que j'avois fait de tous les Auteurs anciens, & sur tout des Grecs, dont la langue m'étoit familiere, m'avoit ouvert une porte aux plus belles connoissances, & j'eus bientôt l'avantage de faire chez les grands écrivains une récolte très-ample & très-rapide. Grande preuve de l'absolue nécessité d'une étude suivie, & commencée de bonne heure pour exceller dans cet Art, qui exige presque une science universelle. C'est une vérité dont je ne pûs convaincre mes contemporains de la même profession, dans les fréquentes conférences que nous tenions sur ce bel art chez ce grand Ministre, qui

qui nous écoutoit avidement par la passion d'être instruit de toutes les sciences. Je ne trouvois dans les discours de nos Architectes que des esclaves d'une routine aveugle, & des régles qu'il faut oser franchir en plusieurs occasions. Mais c'est le génie seul qui les fait appercevoir ces occasions, & qui demandent une sagacité de vue & une intelligence supérieure des effets de l'ensemble qu'il faut prévoir avant l'exécution, intelligence que ne donne point la science de l'Optique quoique absolument nécessaire à tout Architecte, ses règles devenant inutiles par la variété infinie des positions où se trouve l'œil du spectateur, & qu'elles ne sçauroient prévoir. Il est encore une autre connoissance qui n'est pas moins nécessaire au grand Architecte, sur tout dans les façades extérieures, & qui sont fort éclairées. C'est celle du clair obscur, & des effets pittoresques des lumieres dans les saillies des masses, & dans les renfoncemens. C'est elle qui donne le mouvement aux parties d'un grand édifice, & fait jouir l'œil du spectateur d'une satisfaction qui le ravit sans en sçavoir la cause. Les grands édifices, où cet art est ignoré, paroissent toujours froids ou plats quoique surchargés de saillies qui n'ont aucun heureux effet. Après tout, c'est uniquement le goût, ce don des Dieux si rare chez les hommes, & que cependant chacun croit posséder, qui décide le plus surement de ces hardiesses, & qui différe du génie (si l'on entend par ce terme une riche & féconde invention,) en ce que le goût peut s'aquerir par des méditations sur les ouvrages excellens, & que le génie ne s'acquiert jamais. Mais ce goût exact, ce sentiment juste de l'excellent qui est si rare, est infiniment préférable à cette fécondité d'imagination qui ne connoît point de bornes & rend souvent un auteur incertain dans le choix de ses productions.

Je reviens aux circonstances favorables que je vous ai dit être absolument nécessaires aux grands talens pour être mis en œuvre, & dont l'assemblage dépend d'une infinité de combinaisons qui se rencontrent très-rarement. Votre Palais peut servir de preuve à cette vérité. Que d'évenemens devoient concourir pour vous élever ! Il falloit d'abord le régne d'un Roi amateur des Arts & des magnifiques monumens. Un tems d'abondance, où le trésor royal fût assez riche pour ne rien épargner. Un Ministre d'un génie élevé & d'un goût sur, qui sçût choisir parmi tous les plans qui furent présentés, le plus excellent; capable de discerner les artistes propres à l'exécuter dans la plus grande correction; un Louvre à achever, enfin une infinité d'autres circonstances dont le détail seroit trop long. Il n'en falloit pas moins pour votre perfection. Colbert meurt, tout est arrêté, tous les travaux cessent, vous voilà oublié & abandonné pendant quatre-vingts ans, & par le hazard le plus singulier & le plus heureux, il se présente un moment favorable pour vous relever, moment qui exigeoit encore une multitude d'autres circonstances.

LE LOUVRE.

Oui, je sens la nécessité & l'extrême rareté de la réunion de toutes les causes qui influent sur l'achevement des grands projets, & c'est ce qui rend aujourd'hui la joie de mon rétablissement d'autant plus grande qu'elle étoit plus inespérée, mais je n'ose encore m'y abandonner dans la crainte de quelque obstacle imprévu. J'ai cependant des motifs de confiance dans les ordres de notre Monarque & dans le zéle & l'activité de celui qu'il a chargé de cette entreprise.

PERRAULT.

Je l'espére, & je le désire autant que vous. Allez cependant retrouver ce grand Ministre, je ne vous ai déja que trop long-tems privé de l'avantage de son entretien.

LE LOUVRE.

Je quitte le vôtre, ô mon cher pere, avec un regret d'autant plus vif, que je n'emporte aucune espérance de vous revoir.

PERRAULT.

Après le bonheur que vous éprouvez aujourd'hui & qui tient du prodige, il n'est point de succès dont vous ne puissiez vous flatter.

LE LOUVRE,

s'approche de Colbert qui lui dit,

Je vous ai laissé jouir assez longtems d'une entrevue qui a dû vous combler tous les deux d'une joie extrême & réciproque. Vous avez sans doute satisfait à toutes les questions de Perrault, sur votre état qui l'intéressera toujours. Je ne vous en ferai point. Les loix de ce Royaume pressent vôtre départ, & Pluton ne permet qu'un séjour rapide à tout mortel qui ose aborder son empire. De plus vous ignorez les perils que vous attendent en quittant ces lieux. Tous les héros qui y sont descendus les ont éprouvés. Hercule, Thesée, Pirithoüs, Ulisse, Orphée, Enée, Télémaque, & plusieurs autres. Vous savez que Théséc y fut chargé de chaînes, & que Pirithoüs y perdit la vie dévoré par le monstre horrible qu'Hercule ne put dompter que par les efforts de sa valeur. L'entrée de l'Averne est facile, mais il n'en est pas de même du retour. Les précipices les plus affreux de vos climats n'ont rien de comparable aux horreurs de ceux que vous allez appercevoir. L'épouvante, les cris funébres, les plus hideux spectres viendront sans cesse traverser votre marche. Les Eumenides, ces infatigables ennemies du repos des humains, s'attacheront sur vos pas & seront vos affreuses compagnes. Des milliers d'Ombres criminelles qui n'ont de consolation dans leurs supplices, que d'en voir partager la douleur par un plus grand nombre, feront tous leurs efforts pour vous arrêter dans ce sejour. J'ai voulu cependant vous mettre à l'abri de ces dangers, en engageant cette Ombre bienfaisante qui vous a conduit jusques dans ma demeure, d'obtenir de Pluton en votre faveur, une Egide enchantée pour vous couvrir, & rendre vains tous les efforts des habitans de ce noir séjour. Ainsi je m'assure que vous reverrez la lumiere sans aucun accident fâcheux. Faites-moi sçavoir le tems de votre entier rétabliſſement, peut-être irai-je mettre le comble à vos vœux par mon approbation, ſans laquelle je penſe que votre joie ſeroit imparfaite. Faites auſſi ſçavoir à votre reſpectable Monarque par la bouche de ce zélé citoyen votre illuſtre reſtaurateur, ma vénération ſinguliere pour un Prince d'un diſcernement aſſez éclairé & aſſez élevé, pour s'aſſurer l'immortalité par la perfection du plus ſuperbe monument de ſon Royaume. Si les hauts faits de Louis XIV. pouvoient être obſcurcis par quelque tache, l'abandon de cet auguſte Palais & ſon entier oubli pendant trente-deux années, en ſeroit une remarquable. Mais ne pourroit-on pas penſer qu'un oubli ſi oppoſé à ſon caractère & à ſon amour pour tout ce qui pouvoit ſatisfaire ſes idées de grandeur & de magnicence, a moins été un effet des contre-tems, qu'une faveur anticipée des heureuses destinées de Louis XV. qui lui ménageoient dans l'avenir, toute la gloire de ce chef-d'œuvre, en perfectionnant son existence ; gloire bien supérieure à celle de son invention presque entierement effacée par l'injustice de son délaissement.

LE LOUVRE.

Il est vrai que jusques à présent, la fortune semble n'avoir laissé échapper aucune occasion d'augmenter sa renommée, & je suis assuré que ce qu'il ordonne aujourd'hui en ma faveur, sera un éloge de sa grandeur plus frappant & plus durable chez la postérité, que tous les panégyriques de ses conquêtes. Elles seroient effacées de son souvenir, que la majesté, la magnificence & la ſolidité de ma conſtruction publicroient encore à de nouveaux ſiecles les merveilles de ſon regne.

L'OMBRE DE COLBERT.

Il eſt tems que vous partiez ; je vois venir votre Ombre tutélaire qui a obtenu l'éclatante Egide, votre ſauve-garde ſur la route. Allez, & ſouvenez-vous d'exécuter mes ordres.

LE LOUVRE.

O mon pere ! lui dis-je, en embraſſant ſes genoux, l'accompliſſement fidelle de vos volontés ſera mon premier ſoin & le plus ardent. Une auſſi prompte ſéparation d'avec vous me laiſſeroit dans le déſeſpoir, ſans vos promeſſes & l'eſpérance de vous revoir après mon rétabliſſement. Que ce tems va me paroître long !

En ce moment j'allai à la rencontre de mon généreux guide, & nous marchons. Je vous épargne, ma chere Lutece, le détail immense des avantures périlleuses de mon retour, dont je fus délivré par cette divine armure. Je ne vous parlerai point non plus de mes adieux attendrissants en quittant ce secourable ami, ni de la vivacité de mes expressions pour le convaincre de ma plus tendre, & de ma plus intime reconnoissance ; c'est à lui que je rapporte uniquement tout le succès de mon entreprise, & le plaisir que vous avez aujourd'hui de mon retour.

LA VILLE.

Ah combien je vous envie ce dernier bonheur, d'avoir joui si long-tems de l'entretien de cet homme illustre, qui a pris si courageusement votre défense contre tous ces esprits infernaux, sous lesquels vous auriez certainement succombé sans son secours! Après l'incomparable Colbert, c'est lui dont la vuë m'auroit le plus flatté. Avec quelle tendresse je lui aurois exprimé ma reconnoissance de ses travaux infatigables pour ma décoration, & mes regrets de sa perte, qui me sont aussi sensibles que le premier jour! Mais quittons ces tristes réflexions, pour m'abandonner à la joie de votre heureux retour, & du parfait succès d'un voyage que je vous ai fait entreprendre. Votre recit a charmé mon attention, à quelques digressions près, un peu longues & trop fréquentes. Mais je vous les pardonne bien agréablement en faveur du gracieux accueil que vous a fait le grand Colbert, & qui a terminé votre récit au gré de mes souhaits.

Eh bien vous reste-t-il à présent quelques regrets de vous être rendu à mes sollicitations pour cette entreprise ? N'avez-vous pas goûté une satisfaction délicieuse, en faisant part de vos prosperités à cet adorable Ministre à qui vous devez votre naissance & le bonheur d'exister ? Je vous ai fait éprouver ce que vous ignoriez peut-être, combien il est doux de voir un véritable ami partager nos succès ! La joie que l'on verse alors dans son sein, rejaillit dans le nôtre ; elle y croît, elle s'y étend : enfin un plaisir de quelque espece qu'il soit, est toujours imparfait, s'il n'est communiqué.

LE LOUVRE.

Je vous suis redevable, généreuse Lutece, d'une infinité d'autres bienfaits, mais ma reconnoiſſance mettra toujours ce dernier-ci au premier rang.

LA VILLE.

Vous voyez aujourd'hui l'effet d'un preſſentiment, dont je vous fis part après la ſuite du grand Colbert, pour calmer votre déſeſpoir, & auquel vous ne parûtes faire aucune attention. Souvenez-vous des ſujets d'eſpérance que je vous laiſſai en vous quittant, de voir bientôt la fin de vos diſgraces, fondés ſur la connoiſſance qu'avoit notre Monarque de vos beautés, & ſur ſon eſtime pour le monument qui honoreroit le plus ſon regne, en le relevant un jour de ſes ruines. Vous voyez aujourd'hui, par l'accompliſſement de ma prédiction, que les génies tutélaires des grandes Monarchies & de leurs capitales, ont quelquefois des inſpirations des Dieux ſur l'avenir, & dont le tems juſtifie la vérité.

LE LOUVRE.

Je le vois, & je vous ſupplie de me faire part de ces céleſtes avis, lorſqu'ils ne m'annonceront que d'heureux événemens. Celui-ci ne me laiſſe preſque rien à deſirer, & je n'en puis gueres eſpérer de plus favorable. Je ne doute pas qu'il ne ſoit célébré par tous nos Poëtes François. Voltaire le premier de tous, avoit été ſi révolté de l'horreur de mon état, qu'emporté par un enthouſiaſme patriotique, l'indignation lui mit la plume à la main pour ſonner l'allarme, & réveiller la nation à mon ſujet, par un Sonnet véhément, & qui pût me venger des affronts dont il voyoit que l'on continuoit à m'accabler tous les jours.

jours. Ses vœux ardens pour mon honneur, étant aujourd'hui comblés, c'est ainsi à peu près qu'il s'exprimeroit dans le même Sonnet.

Sonnet de M. de Voltaire (1), *sur l'état du Louvre en* 1747, *& changé en* 1755.

Monumens imparfaits de ce Siècle vanté, (2)
Qui sur tous les beaux Arts a fondé sa mémoire,
Je ne vous verrai plus, en publiant sa gloire,
Faire un juste reproche à la postérité.

Tombez, disparoissez bâtimens que l'audace
Eleva follement dans ce Palais divin :

---

(1) Voltaire, indigné de l'état du Louvre, & des maisons qu'on élevoit alors dans sa cour, avoit fait ce Sonnet imprimé dans les deux éditions de l'Ombre de Colbert. On y a fait quelques changemens pour célébrer ceux que le Roi y fait faire aujourd'hui.

(2) Le siecle dernier.

Un ſujet devoit-il occuper une place
Faite pour admirer les traits du Souverain ?

De nos projets ſuivis l'univers va s'inſtruire ;
Et cette nation, conſtante à nous braver,
Fière de nos défauts, ne pourra plus nous dire,
Que nous commençons tout, pour ne rien achever.

Louvre, Palais pompeux, dont la France s'honore,
Par l'ordre de Louis je te vois rétabli ;
Tu ſors du vil état où l'univers t'abhorre,
Et tu dois ta ſplendeur aux ſoins de Marigni (3).

---

(3) M. le Marquis de Marigni, Directeur des Bâtimens du Roi, Arts & Manufactures du Royaume. C'eſt ſous ſa direction, & par ſon zèle pour la gloire de la Nation, que le rétabliſſement du Louvre a été entrepris.

FIN.

ADDITION.

Lisez au bas de la page 39. lig. 10. la note qui suit.

ON ne doute pas que la ville de Paris, après la réparation du Louvre, ne fasse graver une Médaille pour consacrer à la postérité sa reconnoissance envers Louis XV. de lui avoir rendu son plus bel ornement, & sa gloire. On y pourra voir le buste de Louis XV. avec cette légende autour. LUDOVICO. XV. VICT. PACIFICO. LUPARÆ. RESTITUTORI. dans le goût de celle de l'Empereur Tite, après avoir fait réparer l'Arc de Drusus Germanicus. Au revers, ce sera la Façade du Louvre, telle qu'on la voit dans les Médailles mises dans ses fondemens en 1667. avec cette légende LUP. A. LUD. XIV. INCHOATA. A. LUD. XV. PERFECTA. & l'année dans l'exergue. Ce seront MM. de l'Académie des Médailles qui en feront les légendes bien mieux que celles que l'on vient de hazarder.

LETTRE
ECRITE A UN PARTICULIER EN PROVINCE,
Sur les Réparations du Louvre.

M. DCC. LVI.

LETTRE

Sur les réparations du Louvre.

VOUS ne ceſſez, M., de me demander ce qui ſe paſſe à Paris, relativement aux Arts & aux embéliſſemens de la capitale. Vous deſirez depuis long-tems en bon citoyen, que l'on donne enfin quelques momens d'attention aux commodités & aux agrémens néceſſaires aux habitans de cette grande ville, réduits pendant le cours de plus de dix années, à des bancs ſur le rempart & à ſon arroſement. Enfin vous eſpérez de voir élever quelque édifice, dont la grandeur ou la correction puiſſe diſputer de beauté avec ceux du dernier siecle, qui ont excité la jalousie des étrangers, & qu'on laisse déperir, ou dont on nous dérobe l'aspect. Eh bien, M., j'ai aujourd'hui une nouvelle bien surprenante à vous apprendre à ce sujet, nouvelle qui va vous ravir, & vous enchanter. Vous m'allez dire, sans doute que l'on a enfin résolu de construire un Hôtel de Ville, dont la capitale du Royaume pût présenter l'aspect aux citoyens & aux étrangers sans se couvrir de honte & d'humiliation. Non, ce n'est point cela. Va-t-on renverser les infâmes bâtimens des Ponts-au-Change, S. Michel, & Notre-Dame, dont le spectacle extérieur est si offensant, & qui privent les habitans de Paris de la vuë d'une riviere, dont le cours pourroit être agréablement apperçu dans toute son étenduë?

L'humanité

L'humanité, & l'interêt pour la ſanté des peuples, auroient-ils pû perſuader nos Magiſtrats, que l'air qui ſuit le cours des rivieres, ne doit point être arrêté; & qu'il eſt abſolument néceſſaire dans les grandes villes pour en ſubtiliſer l'épaiſſeur, & purifier celui qu'on y reſpire, chargé de toutes les vapeurs malignes qu'exhalent ſans ceſſe les immondices d'un peuple immenſe? Non, M., l'on n'a point encore fait attention à un beſoin ſi important. C'eſt donc une défenſe de bâtir au-delà du rempart, pour laiſſer jouir le public des agrémens de la vuë & d'un air libre & plus pur; ou bien l'acquiſition par la Ville de ces terreins, pour en empêcher la clôture? Nullement. Ce que vous deſirez aux ponts & au rempart, fait l'objet des vœux de tout Paris , mais l'on s'inquiete peu de la santé ni des plaisirs de ses habitans. Eh quoi ! seroit-on devenu plus sévere , pour observer les allignemens & l'élargissement des ruës , & n'est-ce plus l'argent des proprietaires des maisons qui décide de la vie des gens de pied ? Bon ! est-ce que les gens de pied méritent l'attention de ceux qui ne marchent dans Paris que dans de bons équipages ? Vous m'embarrassez beaucoup. Voilà cependant tout ce que je puis imaginer, & dont l'exécution m'auroit fait le plus grand plaisir, excepté peut-être, & je l'avois oublié, de nouvelles Salles de spectacles dans des emplacemens où l'on pût arriver, & d'où l'on pût sortir sans risque de la vie ? Aurois-je enfin deviné ? Non, M., c'est encore là une satisfaction que je ne puis vous donner. Mais eſt-il poſſible que ce que je vous ai vu deſirer avec le plus d'ardeur, ne vous vienne point dans l'eſprit ? Eh bien ?... Comment ?... Penſeroit-on au Louvre ? Enfin vous y voilà, & au moment que je vous écris, on travaille à exhumer ce Palais enſeveli depuis plus de quatre-vingt ans dans une obſcurité ſi honteuſe à la Nation. C'eſt à preſent que je vous vois pouſſer des cris de ſurpriſe, c'eſt à préſent que je vous entends dire avec transport, mais cela eſt-il bien ſur ? Ne me flattez-vous point ? Par quel heureux hazard Paris, la Province, les Etrangers, toutes les Nations de l'Univers, & moi-même pourrions-nous être étonnés, ravis par le plus grand & le plus magnifique ſpectacle que l'œil puiſſe admirer, la gloire du génie françois, le témoin le plus superbe & le plus incontestable de notre superiorité en ce genre sur toutes les nations ? Monument, qui étant achevé & vu, publiera d'une voix plus éclatante que toutes les trompettes de la renommée, qu'il n'est aucun sublime dans les arts comme dans les lettres, où l'esprit des François ne puisse atteindre, quand son vol sera soutenu par le goût du grand dans le Prince & dans son Ministre; quand le génie de la nation sera moins excité par les récompenses pécuniaires du Souverain, que par des distinctions flatteuses & honorables, par des éloges dont il sera avare, & qu'il ne donnera qu'au mérite superieur universellement reconnu. Quand nos ouvrages de génie ne seront point jugés au tribunal de l'impertinence & de l'audace, je veux dire, par la foule de ces petits beaux esprits répandus aujourd'hui dans toutes les sociétés, & qui ont pour admirateurs & pour panégyristes de leurs apophtegmes, un nombre choisi d'ignorans & d'opulens oisifs qui ornent les cercles étendus dans de riches fauteuils, & qui possédent pour tout talent celui de digerer des mêts chers & délicats, & de rire à grand bruits des bons mots de nos petits-maîtres. Aveugle & stupide encens qui nourrit leur orgueil, entretient leurs faux raisonnemens, & autorise leur admiration de l'abus de l'esprit qui brille aujourd'hui dans tous nos ouvrages à la mode. Juges sans principes, sans études, sans justesse, sans élevation dans leurs idées, sans connoissance des arts, profondément occupés des plus futiles nouveautés dans tous les genres, & dont ils font sans cesse une fastidieuse énumération. Inventeurs eux-mêmes de ces précieuses découvertes en voitures, bijoux, coëffures, habillemens. O talens sublimes! ô hommes bien dignes d'être recherchés, écoutés, admirés par cent poupées parlantes! par cent petites maîtresses qui prétendent à la réputation de bel esprit! échos fidelles de leurs phrases vuides de sens, mais pleines de jolies expressions, *approbatrices* de l'étude sérieuse de leurs ajustemens, dont elles leur font un mérite distingué, & à qui elles tiennent compte de leurs merveilleux bijoux, de l'élégance dans les nouvelles tournures de leur habillement, enfin, jusques aux boucles de leurs souliers, rien n'échappe à leur estime. Charmées de les voir par-là se dégrader, & se dépouiller de tous les avantages & dé la supériorité de leur sexe, elles triomphent de les avoir réduits au niveau du leur. Quelle espéce d'individus plus méprisables dans les deux genres ! Sont-ce là des substances pensantes, ou des automates de Vaucanson, dont les têtes aussi vuides d'intelligence n'ont jamais réfléchi un instant sur la dignité & l'origine de leur être, ni sur les suites de sa fin ! Voilà donc nos censeurs, nos estimateurs dans les lettres & dans les beaux arts ! Convenons que sans un petit nombre de compatriotes sensés, éclairés par l'étude, dont le jugement sain & ferme oppose une digue à ce torrent par d'excellens ouvrages, le goût de la nation dans tous les genres seroit entiérement perverti.

Vous m'allez dire, mon

cher M., que mon aversion pour la frivolité dominante allume ma bile hors de propos, & me jette dans des déclamations aussi inutiles que déplacées, lorsque je ne devrois penser qu'à satisfaire votre curiosité sur les circonstances de l'évenement singulier & interessant qui m'a mis la plume à la main ; ce reproche est très-juste, & je conviens du déplacement de mes réflexions, mais pardonnez-les à mon zéle qui n'est pas moins enflammé contre tout ce qui deshonore notre nation, qu'enchanté du courage des vrais citoyens qui employent leurs lumieres & leur crédit à s'y opposer, & à mettre en évidence toutes nos productions qui peuvent servir à sa gloire.

Vous vous souvenez de ce que vous me dites il y a déja plusieurs années de M. de Vandieres, lorsqu'il entreprit le voyage d'Italie pour perfectionner ses connoissances & son goût, & pout remplir avec distinction la place dont le Roi venoit de l'honorer. Vous fûtes ravi du dessein de ce voyage & encore plus des deux artistes qu'il s'étoit associés, MM. Soufflot & Cochin, pour l'éclairer sur les beautés & les défauts de tous les ouvrages d'architecture, peinture, & sculpture, qui attirent les regards des Etrangers, pour en faire un juste discernement, en séparant le vrai beau d'avec ce qui n'en a que l'apparence, enfin pour se mettre en garde contre les *Concetti* Italiens, les licences & les bizarreries de leurs compositions dans tons les genres. Vous convîntes que ces deux artistes avoient le génie de leur art, & le goût sur & excellent : eh bien, M., c'est à M. de Vandieres, aujourd'hui M. le Marquis de Marigni, que nous sommes redevables des travaux que l'on fait au Louvre & de sa prochaine splendeur. Vous augurâtes alors par le choix judicieux de ceux qu'il avoit honorés de sa confiance dans un voyage si nécessaire, de ce qu'il seroit un jour. Combien vous devez vous feliciter de voir votre horoscope accompli dans cette sublime idée de relever le Louvre, de le sauver de la ruine inévitable où le tems & un si long abandon l'alloient précipiter, enfin de le venger du mépris & des outrages dont il étoit tous les jours accablé. Il a senti les beautés de ce monument en connoisseur, & en grand citoyen il en a voulu faire jouir la capitale & toutes les nations.

Quelle satisfaction pour ce vrai patriote, pour ce courageux magicien qui avoit évoqué avec si peu de succès jusqu'à présent l'Ombre du grand Colbert, de voir aujourd'hui ses vœux les plus ardens & ceux de tous les François exaucés, lorsque l'on s'y attendoit le moins! Si l'Ombre de ce grand Ministre a trouvé la vue des supplices du Tartare plus supportable que l'aspect affreux de l'état de ce respectable Palais, ce citoyen, dont les enchantemens ont eu assez de force pour l'arracher aux délices des Champs Élisées, sera bientôt forcé de les renouveller pour le rappeller, & le combler de joie à la vue de son entiere perfection.

Vous allez me demander si ce hardi bâtiment élevé dans le centre du Louvre, & qui a indigné tout Paris, ne sera pas incessamment renversé? A cela M., ce que je puis vous dire de plus certain, c'est que tous les bons citoyens se flattent, & avec raison, que M. de Marigni, voulant rétablir le Palais de son Roi dans tous ses honneurs & sa dignité primitive, ne laissera pas subsister un objet aussi choquant & dont l'indécence est aussi frappante & aussi évidente aux yeux de la nation, & de tous les étrangers. Apprenez à ce sujet un trait aussi certain qu'il est singulier. Un Officier Anglois & militaire qui venoit d'admirer par parties cette belle Colonnade, & qui gémissoit sur l'impossibilité de la voir en son entier, entra dans la cour de ce Palais, & fut tellement saisi d'indignation à la vue de cet édifice qu'on achevoit alors, qu'il dit à son ami qui l'accompagnoit, membre de notre Académie des Sciences, *Si j'habitois Paris, je crois que je vien-*

drois à bout de faire jouer une mine sous ce bâtiment & d'y mettre moi-même le feu, après m'être assuré que le propriétaire y seroit. Que dites-vous, M., de cette démolition ? Elle est un peu barbare, mais elle est d'un Anglois & d'un Anglois militaire, passionné pour les arts & sur tout pour la belle architecture qu'il venoit d'admirer, & enflammé de colere à la vue des ridicules bâtiments dont on s'éfforçoit d'avilir de tous les côtés ce respectable Palais. Ce que je puis vous promettre, M., c'est que le public verra avec presque autant de joie la ruine de ces bâtimens que le rétablissement du Louvre. (1) Je ne

(1) Le zèle de M. le Marquis de Marigni pour le respect dû à la maison du Souverain, & pour la gloire de ce monument, a obtenu de S. M. un ordre pour l'entiere destruction de tous les bâtimens élevés dans cette cour.

vous assurerai pas si positivement le dessein où l'on est, à ce que l'on m'a dit, d'élever à la place de ces bâtimens, une magnifique fontaine avec la statue de Louis XV. restaurateur de ce Palais. Elle paroît absolument nécessaire dans un édifice de cette étendue, autant pour remédier aux incendies auxquels il est exposé, que pour l'agrément & pour la décoration.

Vous allez me faire bien d'autres questions, & vous voudrez sçavoir si l'on travaille à faire disparoître tous ces édifices qui s'opposent à l'aspect de cette magnifique façade du côté de l'Eglise de S. Germain ? Ce que je sai, c'est que l'ancien hôtel où avoit été transportée depuis plusieurs années la Poste aux lettres, sera détruit, & la Poste établie ailleurs. Il en sera de même des Ecuries de la Reine très-déplacées dans ce lieu, & du Garde-meuble. L'antiquité de ce bâtiment, sa caducité & la pauvreté du goût qui régne dans toutes ses parties, si peu convenable à la magnificence de ce qu'il renferme, en doivent hâter la destruction, & il seroit placé bien plus convenablement dans le Palais du Louvre. L'on m'a même assuré que M. Rouillé le Ministre, sacrifioit avec plaisir son hôtel dans la rue des Poulies pour laisser jouir le public de l'aspect de cette belle façade & contribuer au plus superbe embellissement de la Capitale. Vous voyez, M., qu'il est encore parmi nous des citoyens que leurs sentimens généreux élevent au-dessus de ces ames grossieres, qui bornées à leurs intérêts personnels, estiment la gloire & l'amour de la patrie, une erreur populaire, & la mettent au nombre des imbécilles préjugés de nos bons ayeux.

A quelle espéce de travaux, m'allez-vous dire, sont occupés présentement les ouvriers employés au Louvre ? Sachez que l'intention de S. M. est de loger le Grand-Conseil dans la partie de la cour qui est derriere la Colonnade. Les habitans de Paris & de toutes les provinces ont toujours desiré, avec raison, que l'on rassemblât en un seul lieu, comme à Versailles, tous les bureaux des Ministres. Quel avantage il en résulteroit pour tous les sujets ! Que de tems, & quelles dépenses par là épargnées à ceux qui sont obligés de se rendre à leurs audiences ! & à quel usage plus utile aux citoyens pourroit-on employer les logemens vuides de ce vaste édifice ! On réuniroit

par

par là le bien & l'avantage des sujets si chers aux bons Rois, à la décence & à la magnificence de leurs bâtimens.

Toute la partie droite, en entrant par le Péristile, est déja commencée à rétablir, & l'on enleve les terres de la cour pour découvrir les bases des piédestaux, & leurs premieres assises, & pour rendre au sol de ce terrein son ancien niveau. Il avoit été relevé de plus de quatre pieds par les gravois & les décombres que l'on y avoit laissé apporter de toutes parts. On ne touche point encore à la partie qui est à la gauche de l'entrée, encore occupée par nos habiles Sculpteurs académiciens. On croit qu'en les déplaçant ils seront logés à la chaussée d'Antin, où Sa Majesté leur fera construire des atteliers spacieux & très-éclairés.

On ne doute pas que les foſſés, tels qu'ils étoient anciennement, ne ſoient rétablis au bas de la face de la Colonnade du côté de l'Egliſe de S. Germain, & que la partie qui en exiſte encore du côté de la rue Fromenteau, ne ſoit continuée à la place des remiſes & des vils bâtimens que l'on y a addoſſés. Par-là on découvrira au public la beauté de la conſtruction de la partie de cet édifice juſqu'a préſent enſeveli, & qui eſt auſſi admirable à vingt pieds de profondeur que celle qui eſt au niveau du rez de chauſſée.

Une apprehenſion du public, qui eſt bien fondée, eſt que l'on ne veuille gratter ces belles colonnes du frontiſpice & leurs admirables chapiteaux pour les nétoyer. Mais il doit être raſſuré par l'habileté des Architectes qui président à ces réparations, & qui en sentent trop les beautés pour souffrir un dommage qui seroit irréparable. On ne peut y toucher sans les dégrader, & sans en affoiblir les parties dont les proportions sont si précises, & si exactes, qu'elles seroient alterées par la diminution d'une ligne. J'espere que l'on se contentera d'employer la brosse avec beaucoup de précautions, sur tout dans les feuilles des chapiteaux dont la délicatesse & la vérité sont portées à la plus grande perfection, & serviront un jour de modéle à la postérité, aussi bien que les excellentes proportions des colonnes, si par la fatalité des tems & leurs révolutions, la bonne architecture venoit à être ensevelie dans l'oubli & exterminée par ce goût barbare que nous avons vû regner ſur tous les arts en Italie & en France pendant une ſi longue ſuite de ſiécles.

D'ailleurs cette blancheur ſi chere au vulgaire & aux ignorants, ne diſparoîtroit-elle pas dans très peu de tems! Les vrais connoiſſeurs uniquement ſenſibles à la juſteſſe & à la préciſion des proportions ſi rares dans tous les ouvrages & dans tous les ſiécles, & qui donne à l'œil un plaiſir & une ſatisfaction qui ne peut s'exprimer que par le ſentiment, ces connoiſſeurs ſeroient inconſolables de la perte de ces précieuſes beautés & de cette perfection qu'il eſt rarement donné aux hommes d'atteindre, parce qu'elle dépend d'une exécution que l'on n'eſt pas toujours aſſuré de rendre auſſi heureuſe & auſſi excellente qu'elle l'eſt dans toutes les parties eſſentielles de ce Périſtile.

Vous me demanderez encore si l'on finira les sculptures de cette façade, & pour lesquelles on a laissé des tables & des parties saillantes pour y placer des bas-reliefs, des guirlandes, des masques & autres ornemens nécessaires pour la perfection de cet édifice ? Vous voudriez aussi sçavoir si l'on placera des trophées sur tous les massifs de la balustrade du comble, tels qu'on les voit gravés dans les dessins de cette façade, & sur tout dans celle qui est au frontispice du *Vitruve* de Perrault gravé par *le Clerc*, où il a représenté les trois principaux édifices de sa composition, la façade du Louvre, l'Arc de Triomphe du Fauxbourg S. Antoine, & l'Observatoire. Ce sont deux questions sur lesquelles je ne sçaurois vous satisfaire bien affirmativement, mais contentez-vous de la certitude physique que le Roi veut enlever aux outrages du tems, & à ceux des mauvais citoyens, le plus beau monument qu'il ait en sa possession, & éterniser sa gloire en éternisant sa durée. Soyez ravi de sçavoir que l'on a mis la main à l'œuvre, & que tous les habitans de Paris viennent voir avec avidité & avec des transports de joie, la construction admirable des échaffauts élevés jusqu'au comble pour ces travaux, spectacle pour le public le plus satisfaisant qu'on lui ait donné depuis bien des années. Il ne doute point que ces travaux ne soient continués, étant entrepris par un citoyen aussi éclairé dans les arts, aussi amateur de leurs vraies beautés, & aussi zélé pour la gloire de son Roi, & de sa nation que M. le Marquis de Marigni. Bientôt elle n'aura plus à rougir des reproches de légereté & de mépris pour ses plus belles productions, dès qu'elles n'ont plus le mérite de la nouveauté. Le rétablissement & la conservation de ce superbe édifice sera une époque distinguée dans l'Histoire de Louis XV., & une preuve authentique & exposée aux yeux de tout l'univers, de l'excellence de son goût, de son amour pour les beaux arts, & de son estime pour la production la plus parfaite du génie François en architecture, & la plus digne d'être exposée sans obstacles à l'admiration de la postérité.

Je suis, M., &c.

A Paris le 15 Juillet 1755.

LETTRE

POUR SERVIR DE RE'PONSE

A une Critique du Louvre imprimée dans le Mercure d'Avril 1755.

M. DCC. LVI.

LETTRE
A MONSIEUR
LE COMTE DE CH...
SUR LE LOUVRE.

JE veux vous faire part, Monsieur, d'une critique du Péristile du Louvre, que je viens de voir dans le Mercure.

Je connois la chaleur de votre interêt pour ce célebre monument, & je crois que vous me sçaurez gré d'avoir pris sa défense, en répondant à la censure de ses défauts.

L'auteur anonyme de cette critique qui est bien écrite, & juste à quelques égards, me paroît un homme versé dans l'art de l'Architecture & Architecte lui-même. On découvre cependant au travers des éloges qu'il donne à ce bel ouvrage, plus de bienséance que de sincerité, & une conspiration réfléchie contre l'admiration qu'il a obtenüe des nationaux, des étrangers & des artistes.

Il exige d'abord *qu'on lui permette quelques réflexions hazardées sur un de ces chefs-d'œuvres des Arts, faits pour être adorés aveuglément dans un siecle d'enthousiasme & de préjugés, mais faits pour être discutés dans un siecle sage, éclairé, enfin philosophe comme le nôtre.*

Il y auroit de l'injustice à lui refuser sa demande. Aucun ouvrage jusqu'à ce jour n'a été exemt de défauts. Il est donc permis à tout le monde, dès qu'il est exposé en public, de les remarquer, pour éclairer les Artistes, les leur faire éviter, & nous rapprocher le plus qu'il est possible de la perfection à laquelle tout génie courageux doit s'efforcer d'arriver. Mais les hommes étant malheureusement aveuglés par les passions, il est bien rare que leurs critiques ne participent pas de cet aveuglement. Un des plus beaux esprits du siecle dernier & de celui-ci, a dit dans son éloge d'un célebre académicien. *Que l'approbation des hommes est quelque chose de forcé, & qui ne demande qu'à finir.* Sa réflexion n'est que trop juste pour l'honneur de l'humanité, & il n'est que trop vrai que notre malignité naturelle nous incline plus au blâme qu'à la louange. Rien n'est donc plus difficile que de se garantir des faux jugemens dont la source est dans ce fond d'amour propre, qui nous fait voir avec une secrette jalousie les merveilles que nous sommes incapables de produire, & ne nous permet pas long-tems de les admirer. L'auteur de cette critique du Louvre en est un exemple. Sa prévention pour son siecle, & peut-être pour ses propres ouvrages, lui fait nommer celui de Louis XIV. un *siecle d'enthousiasme & de préjugés.* Comment peut-il accorder l'esprit *d'enthousiasme* qu'il donne à ce siecle, avec ses productions si excellentes dans tous les genres, & qui font encore les délices de l'esprit & du bon sens chez toutes les Nations policées & instruites ? Il lui oppose le siecle présent, comme un siecle plein de sagesse & de lumieres, & sur tout de celles de la Philosophie. Mais comparons ses productions à celles du siecle dernier. Avons-nous des ouvrages qui puissent en soutenir le parallele dans les Lettres, ni dans les Arts? Qu'opposerons-nous à Bossuet & Flechier pour l'éloquence? à Bourdaloüe & Massillon pour la chaire? à Arnauld, Nicolo & Pascal pour la Théologie? Quelle plume aussi diserte & aussi enchanteresse que celle de Fenelon, pour enseigner la vertu aux hommes & aux Rois? Pour le théatre, avons-nous égalé Corneille, Racine, Moliere? Un la Bruyere pour approfondir les caractères, & peindre les mœurs? Un la Fontaine pour instruire en badinant, & charmer tous les esprits par sa naïveté inimitable? Si nous passons aux Arts, avons-nous surpassé les Puget, les Coyzevoz, les Girardon, les Sarrazin, en Sculpture? Les Poussin, les le Brun, les le Sueur, dans leurs admirables compositions historiques qui caracterisent seules les grands Peintres? Les le Mercier, les Perrault, los le Vau, les Blondel en Architecture? C'est donc un esprit d'enthousiasme & de caprice qui a enfanté ces merveilles! Une admiration continuée depuis près d'un siecle, n'est donc que l'effet des préjugés de notre nation qui s'est trompée sur ces chefs-d'œuvres, & qui a entraîné toutes les autres dans une erreur qu'ils n'ont point encore abandonnée. Qu'en pensez-vous, M. croyez-vous que toutes les subtilités de la Philosophie & de la Métaphysique, qui élevent si haut les esprits de notre siecle & les font perdre dans les nués, puissent persuader au public de semblables paradoxes ?

Suivons notre critique. Il eût souhaité que le Louvre eût été achevé sur les mêmes dessins de l'ancien, *& nous aurions*, dit-il, *sous les yeux le plus superbe Palais de l'Europe.* Je ne croirai jamais qu'un pareil souhait soit sincere dans notre censeur. Je lui présume trop de discernement, pour ne pas voir l'énorme distance de l'architecture de la Colonnade à celle du vieux Louvre, où l'on ne trouve ni composition, ni regles, ni bon sens. Trois frontons enclavés l'un dans l'autre ; des caryatides à un second étage ; des ornemens à la vérité d'une très-belle exécution, mais presque tous prodigués sans choix, ou déplacés. Ce n'est donc que le seul motif de rabaisser Perrault, qui a fait hazarder au censeur une idée aussi singulière, & qui n'a pas pensé qu'il se deshonoroit lui-même par une telle préférence.

Sur quel fondement attribuer ensuite à l'injustice de l'amour propre des architectes de Louis XIV. le refus de suivre cet ancien plan, qu'il estime si fort, pour y substituer par vanité leurs propres idées? Ne se présentoit-il pas un motif plus équitable & plus vraisemblable? je veux dire celui de mettre à profit dans une occasion aussi heureuse que rare, leurs progrès dans ce bel art, leur connoissance des vraies proportions, & leur estime du beau simple préférable à la profusion des ornemens, ressource ordinaire de l'ignorance & du défaut de génie?

Mais que résulte-t'il de la nouvelle composition de Perrault ajoutée au Louvre ? Ecoutez le résultat de sa critique, il est singulier. *Une façade de Palais sans croisées, dont on n'a pu deviner jusqu'à présent l'usage & la destination, dont les inconvéniens sont sans nombre & les beautés déplacées.* Il se donne bien de garde d'entrer dans aucun détail sur ces beautés, ni de nous dire où elles devroient être placées pour être mieux, son dessein n'est que de chercher des défauts à cette façade, pour décrier, s'il lui étoit possible, notre admiration, & la rendre injuste & presque ridicule.

Il dit donc *que l'on n'a pu deviner jusqu'à présent la destination de cette façade.* Mais n'auroit-il pas du en être instruit avant de la condamner ? Je vais lui en faire part.

J'ai appris de Messieurs Desgot & Boffrand, qui avoient connu M. Perrault dans leur jeunesse, que lorsque Louis XIV. prit la résolution de faire achever le Louvre, il déclara souhaiter que sa façade fût composée de tout ce que ses architectes pourroient imaginer de plus magnifique, & en même-tems de plus régulier & de plus parfait. Que son intention n'étant point d'habiter ce Palais, il vouloit que la décoration de son entrée fut assez frappante, pour annoncer à tous les étrangers la majesté d'une maison qui devoit être regardée comme sa demeure, & respectée par les honneurs qu'il avoit attachés à ses entrées accordées aux Princes du sang & aux Grands de sa Cour, comme une faveur distinguée. Qu'il prétendoit que cet édifice surpassât en beauté & en perfection tous ceux de ses maisons royales, & qu'il servît aux siecles à venir de monument authentique, & de preuve incontestable du dégré d'élévation & de correction, où avoient été portés les Arts sous son regne.

Un autre motif obligeoit encore à employer dans cette façade tout ce que l'architecture pouvoit rassembler de plus auguste & de plus superbe; c'est que le dessein de Colbert, qui étoit toujours grand & magnifique dans ses projets, & qui s'efforçoit par là de satisfaire les grandes idées de son Roi, & son aversion pour le commun & le médiocre; son dessein, dis-je, étoit d'ouvrir une large ruë en ligne droite depuis cet arc de triomphe admirable du fauxbourg S. Antoine, & qui auroit abouti à la façade du Louvre.

Elle eût servi d'avenuë au plus vaste Palais qui fût en Europe, étant décidé que l'on continueroit la gallerie commencée au Palais des Tuileries tout le long de la ruë S. Honoré, parallelement à l'ancienne qui regarde la riviere, & qu'il n'y auroit aucun bâtiment entre le Louvre & le Palais des Tuileries. Alors quelle superbe architecture exigeoit un point de vuë d'une étenduë si prodigieuse que celle de l'arc de triomphe placé au-delà du fauxbourg S. Antoine, jusques à l'entrée du Louvre?

Louis XIV. qui avoit reçu de la nature un goût excellent, & un discernement juste & sûr pour toutes les productions des Arts, ne fut point satisfait de plusieurs dessins qui lui furent présentés, non pas même de celui du Cavalier Bernin, alors le Vitruve

&

& le Phidias de l'Italie. Sa Majesté l'avoit fait venir à Paris, avec une dépense & des récompenses excessives pour tout autre Souverain que ce grand Roi. Il préféra à tous ces plans celui de Perrault, qui avoit saisi en grand génie l'avantage si rare, & peut-être unique dans tous les Palais de l'Europe, d'en construire la façade sans être asservi à la percer à jour par des croisées, ce qui donnoit à son dessin la plus heureuse singularité, & relevoit merveilleusement toute son architecture.

Je pense que l'auteur de la critique de ce Palais, dans le projet qu'il a conçu de le décrier, ne sera pas satisfait de voir tomber un des traits qu'il estimoit le plus victorieux. On doit cependant l'excuser de l'avoir attaqué par cet endroit, n'étant point informé de la destination de ce Frontispice, & des raisons qui en avoient reglé l'ordonnance. Mais cette ignorance ne sçauroit justifier ses autres erreurs dans la censure de ce Peristile. Telle est l'impossibilité d'y placer des spectateurs dans le milieu, à l'occasion des fêtes que l'on auroit pu donner dans l'avant-cour de ce Château. Eh quoi! deux Peristiles de deux cens dix pieds de longueur chacun, sur près de trois toises de profondeur, capables de contenir plus de deux mille personnes, n'étoient-ils pas suffisans à cet effet? Mais quand même ces deux Peristiles n'auroient pu être employés à cet usage, l'architecte ne seroit coupable d'aucune faute à cet égard. Quelle apparence que le Roi eût choisi cette avant-cour pour le lieu de ses fêtes, s'étant servi si utilement & si avantageusement de celle des Tuileries à l'occasion du superbe Carrousel qu'il fit faire en 1662, & dont le bruit se répandit dans toute l'Europe, par son étonnante magnificence & dont l'industrie du grand Colbert (1) épargna à son trésor la dépense de plusieurs millions? Notre censeur peut-il ignorer un événement aussi célebre?

Une réflexion bien simple qu'il auroit du faire, & qui se présente assez naturellement à ceux même qui ignoreroient la destination de ce Palais, c'est que le plus superbe ne sçauroit être une habitation convenable à un grand Roi, s'il n'a sous ses yeux, & à

(1) Voyez le détail de cet événement remarquable dans l'Ombre du grand Colbert, pag. 68. édit. 2.

sa bienséance l'aspect & l'usage d'un jardin, & il étoit impossible d'en placer un convenable à la magnificence de ce Palais dans aucun de ses alentours.

Mais ce censeur peu équitable, n'ayant pu se faire illusion sur la foiblesse des coups qu'il a portés à la colonnade de ce Palais, ni prouver ce qu'il avoit avancé un peu témerairement, *que ses inconveniens étoient sans nombre, & ses beautés déplacées*, se tourne d'un autre côté. Il attaque la façade qui regarde la riviere avec un succès presque égal. Il s'imagine que c'étoit dans cette partie du Louvre où devoit être l'appartement du Roi, & que l'Architecte auroit du rendre la plus magnifique. Dans cette supposition il s'éleve fortement contre la simplicité indécente de sa décoration extérieure. Il en blânie l'ordonnance sans avant-corps qui interrompent par des sallies & par des masses l'ennuyeuse monotonie qui y regne. Mais on voit ici un exemple sensible des égaremens où nous jettent la passion & les préjugés. Le dessein où il est de décrier ce beau Palais, & d'exténuer notre admiration à son égard, l'empêche de voir les trois avant-corps de cette façade, l'un dans le milieu qui devoit être couronné d'un grand fronton triangulaire orné de sculptures dans son timpan, tel qu'il est gravé dans les plans du Louvre, & dans le dessin original de Perrault ; les deux autres sont placés aux deux extrêmités. D'ailleurs ce bâtiment, dont la simplicité l'offense si fort & le rend froid à ses yeux, ne lui eut point paru tel, si les pilastres étoient cannelés, comme ils doivent l'être, les chapiteaux corinthiens décorés de leurs feuilles, & les trois corps enrichis de médaillons, ornés de masques, de guirlandes & de tous les ornemens dont ils devoient être embellis. Lorsqu'il désire dans cette façade une supériorité de magnificence, ou au moins égale à celle du frontispice, en suivant le même dessin, elle eut été inhabitable par les inconvéniens des défauts de lumiere, ou du moins des faux jours. Il falloit indispensablement y ouvrir des croisées à la place des niches du Péristile, & alors les jours qu'auroient reçus les piéces de ses appartemens n'eussent-ils pas été d'une tristesse insupportable & pire qu'une entiere obscurité ? J'avoue cependant que dans l'ordonnance de cette façade, telle qu'on la voit aujourd'hui, il eut été beaucoup mieux d'élever des colonnes isolées aux trois pavillons à la place des pilastres, & de leur donner plus de saillie, comme à la façade de la grande gallerie de Versailles ; alors la décoration extérieure de cet édifice eut été plus riche & plus variée sans qu'il en fût résulté aucun inconvenient pour l'intérieur.

Je passe sous silence ce qu'il dit de celui de la cour de ce Palais. Il convient avec raison de l'embarras presque insurmontable où se trouverent alors les Architectes, ou de continuer l'attique, ou, en le supprimant, de raccorder la nouvelle architecture avec l'ancienne. Les plus habiles de nos jours ont tenté d'imaginer pour cet accord une idée plus heureuse que celle que l'on a exécuté en partie, & leurs efforts ont été ſans ſuccès.

L'auteur termine ſa critique par une déciſion qui me paroît ſinguliere & peu juſte. *C'eſt que tout changement dans un ouvrage conſacré à la vénération publique, paroîtra toujours un crime.* Sur quoi fonde-t'il la conſécration de cet édifice à la vénération publique? Cette vénération n'a lieu qu'à l'égard de nos édifices ſacrés, mais nullement à celui de nos Palais, même ceux de nos Rois, qui exigent nos égards & nos reſpects ſans demander une vénération qui n'eſt due qu'à la religion. D'ailleurs la vénération que nous avons pour nos temples ne fera jamais un crime à qui que ce ſoit d'oſer cenſurer les défauts de leur conſtruction, & de publier les changemens que l'on

auroit

auroit jugé à propos d'y faire. C'est une idée de l'auteur qu'il faut joindre à celle *d'enthousiasmes & de préjugés* qu'il attribue au siécle de Louis XIV. Je puis l'assurer que s'il eut proposé dans ses remarques un nouveau dessin & préférable à celui que l'on a mis en œuvre dans les façades intérieures de ce Palais, les artistes en eussent été reconnoissants & auroient donné à son travail les louanges qu'il auroit méritées. Les sentimens de quelques particuliers sont souvent faux & injustes, mais celui du général ne l'est jamais ; & je ne doute point qu'il n'approuve comme moi celui qui termine son écrit, *Qu'une critique fondée concourt à l'avantage des arts qu'elle éclaire, & que les murmures ne doivent jamais empêcher de publier ce que le goût d'accord avec la raison ont approuvé.* Combien il seroit à souhaiter pour notre censeur, que cet accord se fût trouvé dans ses critiques ! elles n'auroient certainement point éprouvé de contradiction.

Je suis, M., &c.

www.ingramcontent.com/pod-product-compliance
Lightning Source LLC
Chambersburg PA
CBHW050005100426
42739CB00011B/2511
9782012728349